城市轨道交通职业教育“十三五”规划教材——运营管理类

城市轨道交通票务管理（第2版）

主　编 ○ 唐春林　梁晓芳
副主编 ○ 王玲玲　程　翠
参　编 ○ 刘　杰　王芳梅

西南交通大学出版社
·成　都·

图书在版编目（CIP）数据

城市轨道交通票务管理 / 唐春林，梁晓芳主编. —2 版. —成都：西南交通大学出版社，2018.6（2020.1 重印）
ISBN 978-7-5643-6248-5

Ⅰ. ①城… Ⅱ. ①唐… ②梁… Ⅲ. ①城市铁路 - 轨道交通 - 售票 - 管理 Ⅳ. ①U293.22

中国版本图书馆 CIP 数据核字（2018）第 132709 号

城市轨道交通票务管理
（第 2 版）

主编 唐春林 梁晓芳

责任编辑	周 杨
封面设计	何东琳设计工作室
出版发行	西南交通大学出版社 （四川省成都市金牛区二环路北一段 111 号 西南交通大学创新大厦 21 楼）
发行部电话	028-87600564 028-87600533
邮政编码	610031
网 址	http://www.xnjdcbs.com
印 刷	四川森林印务有限责任公司
成品尺寸	185 mm × 260 mm
印 张	10.5
字 数	261 千
版 次	2018 年 6 月第 2 版
印 次	2020 年 1 月第 5 次
书 号	ISBN 978-7-5643-6248-5
定 价	38.00 元

课件咨询电话：028-81435775

前　言

当前，正值我国城市轨道交通的高速发展时期，截至2017年12月31日，已有34个城市开通城市轨道交通运营，运营总里程达到5 021.7 km，到2020年，运营总里程将突破6 000 km。城市轨道交通的快速发展对从业人员的需求量也不断增大，尤其是开通运营后，对站务人员的需求量将会激增，所以，为行业培养一支岗位知识丰富、业务技能过硬、综合素质高，同时具备良好职业道德和职业素养的高水平人才队伍是当务之急。就目前城市轨道交通专业教材来看，普遍存在重理论、轻实践的现象，就用人企业反馈的信息来看，新入职员工的动手能力较弱，不能满足企业需要。作为职业教育院校，培养具备较强动手能力、实践经验丰富的高素质人才是我们的根本目标和特色所在。鉴于此，我们通过整理和深化了近几年关于票务管理和票务作业方面的成果和经验，到企业现场调研，编写了这本理实一体可作为城市轨道交通运营管理专业高等、中等职业教育的教材，也可供城市轨道交通站务人员参考。

本书采用项目教学法的编写形式，对城市轨道交通票务相关作业所需的理论知识和操作技能进行了较详细、较全面的阐述，包含7个项目，主要介绍了以下几个方面的知识：

（1）票卡媒介、种类与管理等知识；（2）自动售检票系统终端设备与操作系统；（3）车站票务管理工作的一般票务作业流程及异常情况的票务处理；（4）票务收入管理与相关报表填写方法；（5）票务清分管理。

每个项目都有知识目标、能力目标、知识准备、任务实施和评价考核，让学生对每个任务都动手练习，并对练习结果进行评价考核，能不断培养学生的学习兴趣和动手能力。

本书由重庆公共运输职业学院唐春林、梁晓芳担任主编，重庆公共运输职业学院王玲玲、程翠担任副主编，重庆公共运输职业学院刘杰、王芳梅参与编写。各部分编写分工如下：程翠编写项目一，刘杰编写项目二，梁晓芳编写项目三和项目四，唐春林编写项目五，王玲玲编写项目六，王芳梅编写项目七，全书由唐春林、梁晓芳统稿、定稿。

本书的实践教学部分以湖南高铁时代数字化科技有限公司实训设备和虚拟软件为原型，并得到该公司的大力支持，在此表示衷心感谢。本书在编写过程中还参考引用了许多国内外专家、学者发表的有关城市轨道交通的文献，以及部分城市轨道交通车辆生产、运营企业的资料和相关文献。

鉴于编者水平及实践经验的局限性，书中对各种问题的分析和处理难免有偏颇不足之处，敬请读者批评指正。

编　者

2018年4月

多媒体知识点目录

多媒体资源使用帮助：

多媒体资源目录中所有资源在书中相应位置均设有二维码，读者可以使用手机微信扫描该二维码，成功关注西南交通大学出版社官方微信平台“交大 e 出版”后，直接点击阅读/获取相应资源。

目　录

项目 1　城市轨道交通票务系统概述

➢ 项目导入

随着我国改革开放进程的不断深入，城市化进程高速发展，城市人口快速增长，特别是北京、上海、广州、深圳等大城市，人口都已经超过千万，甚至达到 2 000 万。城市人口的急剧增长，给社会可持续发展带来了极大挑战，特别是城市交通问题。截至 2017 年年底，我国机动车保有量达 3.1 亿辆，北京的机动车保有量已经达到 564 万辆，城市地面交通拥堵不堪。可以说，交通问题已成为阻碍北京经济、文化发展的“拦路虎”。为解决北京的交通难题，北京提出建设“公交城市”和打造“人文交通、科技交通、绿色交通”的和谐城市。在这一背景下，城市轨道交通在北京乃至全国大中城市，都得到前所未有的发展机遇。

在北京，确立城市轨道交通在城市公共客运系统中的骨干地位，可以发挥其引导与支撑城市空间结构优化调整的作用。应按照“安全、质量、功能、成本和效率”相统一的原则，加快轨道交通新线建设，扩大规模，增加中心线网密度。2010 年年底轨道交通运营里程达 336 km，2012 年达 420 km，2015 年达 666 km，2017 年达 684.4 km，形成“三环、四横、五纵、八放射”的网络体系。五环路内线网密度达 0.15 km/km^2，平均每步行 1 000 m 即可达到一个轨道交通站点。全市轨道交通日均客运量达 1 000 万人次以上，运营管理达到国际先进水平。除了北京，目前上海、广州、深圳、天津和南京等城市都已经建成地铁或轻轨网络，其他更多的城市轨道交通也在建设与规划中。未来，城市轨道交通将成为所有大中城市不可缺少的配套基础设施。

目前，国内部分城市已初步制定了一些适合本地轨道交通特点的地方性标准或规范：上海、北京等城市已公开发布了公交一卡通及城市轨道交通自动售检票系统通用技术规范等地方标准，广州、上海、南京等城市的地铁内部均制定了较为全面的 AFC 系统技术规范，深圳、苏州、成都、重庆、杭州、武汉等地都在积极开展这项工作。AFC 系统的建设应立足于线网化运营的需求，尤其是在第一条城市轨道交通线路的 AFC 系统建设时，应进行总体规划，确保系统稳定运行和可持续发展，其重点是面向线网化运营的功能需求和 AFC 标准的建设。AFC 系统线网标准的建设逐渐得到地铁业主等各方面的重视，各地均把线网 AFC 系统标准的建设作为重点。

➢ 知识目标

1. 国外城市轨道交通票务系统发展现状及其票务管理情况。
2. 国内城市轨道交通票务系统发展现状。

➢ 能力目标

1. 了解国内城市交通票务系统的发展。
2. 掌握国内城市轨道交通票务系统的现状。
3. 掌握国内外城市轨道交通票务系统的特点。

➢ 素质目标

1. 培养学生自主学习的能力和积极的态度。
2. 培养学生善于分析问题和主动思考的职业素养。
3. 培养学生团队协作的精神。

任务1　城市轨道交通票务系统发展现状

➢ 任务要求

1. 掌握国内外城市轨道交通票务系统的特点
2. 了解国内城市交通票务系统的发展并掌握国内城市轨道交通票务系统的现状。

➢ 知识准备

一、国外城市轨道交通票务系统发展现状

20 世纪 70 至 90 年代初，西方发达国家城市开始推行 AFC 系统，并建立基于磁票（含单程票、储值票）处理的 AFC 系统。下面以莫斯科、东京等城市为例介绍国外城市轨道交通票务系统的发展。

1. 莫斯科

莫斯科地铁是全球最大的大众运输系统之一，它一直被公认为世界上最漂亮的地铁，每个地铁车站建筑格局各不相同，有其独特风格，享有“地下的艺术殿堂”的美称。

莫斯科地铁的布局以莫斯科市为中心呈放射状向四周延伸，间以环形线路，线路密集、分布均匀，最大限度地覆盖了整个城市区域，共有 12 条线路，172 个车站，其运营里程已达 278.3 km。根据不完全统计，莫斯科地铁的年客流量达 32 亿人次。

1996 年，莫斯科地铁全面安装自动售检票系统。1997 年自动售检票统开始使用第一代磁卡车票。2002 年，莫斯科地铁实行一票制，车票类型多种多样，按照可乘坐次数划分，分为单次票、双次票、5 次票、11 次票、20 次票、40 次票、60 次票；按照有效时间划分，分为日票、月票、季票、年票。莫斯科地铁制定价格时注意照顾弱势群体，学生和老人可以享受一定程度的价格优惠，莫斯科地铁票价见表 1.1。

表 1.1　莫斯科地铁票价

车票类别	次数	有效期（天）	票价（卢布）	票价（人民币）
单程	1	5	28	6.6
双程	2		56	13.2
1 次＋小行李	1		28	6.6
1 欠＋大行李	1		56	13.2
5 次	5	45	135	31.8
10 次	10		265	62.4
20 次	20		520	122.4
60 次	60		1 245	293.0
月票	70	60	1 230	289.4
联程票	70		2 380	560.0
学生票	无限制		350	82.4
30 天微型卡		30	1 710	402.4
90 天微型卡		90	3 485	820.0
365 天微型卡		一年	11 430	2 689.5

2. 东　京

1927 年 12 月，东京地铁银座至浅草寺路段开通，东京由此成为亚洲最早拥有地铁的城市。东京的地铁由两家公司负责经营、维护和技术管理，分别为营团地铁（帝都高速交通财团运营的地铁）和都营地铁（东京都交通局运营的地铁），共运营 13 条线路，285 个座车站，线路总长 321.6 km。东京地铁日平均客流量为 1 100 万人次左右，是世界上客流量最大的地铁系统。由于两大地铁运营系统经营状况良好，除 2014 年因消费税率调整被动涨价外，东京地铁过去 20 年保持票价不变。

东京地铁的自动售检票系统采用分段计价制，见表 1.2。东京地铁车票票种繁多，包括 PASMO（IC 卡）、普通车票、儿童票、次数卡、月票、团体票、单日票和换乘车票等，所有票种都可灵活使用和换乘。

表 1.2　乘车距离与票价

距离（km）	购买普通车票乘车	使用 IC 卡乘车
1 ~ 6	170 日元（儿童 90 日元）	165 日元（儿童 82 日元）
7 ~ 11	200 日元（儿童 100 日元）	195 日元（儿童 97 日元）
12 ~ 19	240 日元（儿童 120 日元）	237 日元（儿童 118 日元）
20 ~ 27	280 日元（儿童 140 日元）	278 日元（儿童 139 日元）
28 ~ 40	310 日元（儿童 160 日元）	308 日元（儿童 154 日元）

3. 新加坡

新加坡地铁又叫大众捷运系统（简称 MRT），开通于 1987 年，是目前世界上最发达、高效的公共交通系统之一。当前设有 113 个地铁车站，148.9 千米的标准轨距线路。

新加坡地铁由公司负责经营，以盈利为目的，地铁车票的价格都被调整到至少收支平衡的水平。经营公司以行程距离为基准计算车费，付费方式主要有单程票、易通卡（ez-link Card）及通行卡 3 种。所有付费系统由公司统一经营，乘客只需通过付费门，车费便会自动被计算及扣除，因此转换路线十分方便。此外，使用单程车票的乘客也可以于途中决定延长行程，在到达目的地车站后再支付差额。

4. 巴　黎

巴黎地铁是法国巴黎的地下捷运系统，由巴黎大都会铁路公司负责营运，于 1900 年起运行至今。目前，巴黎地铁有 14 条主线和 2 条支线，303 个车站，总长度 220 km（133.7 英里）。

从 20 世纪初到 50 年代，巴黎地铁建设取得长足的发展，基本形成了今天的格局。20 世纪 50 年代至 70 年代，是巴黎地铁最辉煌、最值得夸耀的时期，法国领先于世界的磁卡技术在地铁领域得到运用，1973 年自动检票机投入使用，1975 年地铁磁卡月票问世。

巴黎的票务系统充分考虑了多种需求，其票种种类包括：单票、本票、天票、周票、月票、年票、青年票、观光票、联票等，还针对儿童、学生等设置了不同的票种。乘坐巴黎地铁和法兰西岛其他公共交通工具的长者、多口之家家庭成员和一些特殊人群等可以享受打折优惠及免费乘坐。

5. 伦　敦

伦敦地铁是世界上最古老的地下铁道，于 1856 年开始修建，1863 年 1 月 10 日正式投入运营，截至 2015 年 6 月，伦敦地铁共有 12 条线路，275 个车站，总长度达到 440 km。

英国的地铁是分段收费的，所经区域越多，收费越贵，但每天乘地铁的费用金额有上限。车票种类按地区分，可分为一个区价、二个区价、三个区价、…六个区价；按时间分，可分为单程票、往返票、日票、周票和月票等；按年龄分，可分为大人票、儿童（5 ~ 15 岁）票。五岁以下搭乘地铁、公交车免票。另外还有个人票、家庭票、团体票及一日旅游卡、周末二日旅游卡、家庭旅游卡、团体旅游卡、一周旅游卡。

二、国内城市轨道交通票务系统发展现状

我国在 20 世纪 90 年代开始探索自动售检票系统，迄今 20 几年的时间，经历了从无到有、从小到大的发展，归纳起来，可以分为启蒙、实践、调整 3 个阶段。下面以北京、上海、广州、香港及重庆为例介绍我国城市轨道交通票务系统的发展历程及发展现状。

1. 北　京

北京地铁是服务于北京市的城市轨道交通系统。其规划始于 1953 年，工程始建于 1965 年，最早的线路竣工于 1969 年，1971 年开始运营，是我国第一个地铁系统。

动画-北京车票发展史

北京地铁最初采用纸质车票、人工检票的形式。1985 年，北京轨道交通开始进行自动售检票系统的可行性研究，但应用较晚；2003 年 12 月 31 日，北京第 1 套单线自动售检票系统在地铁 13 号线投入使用，这是一套基于磁票的 AFC 系统，集成商为日本信号公司，

系统单程票为一次性纸质票制磁票；2008年6月9日，北京地铁正式启用自动售检票系统，人工售出的纸质车票停用，取而代之的是非接触式IC卡车票。乘客只需在地铁出入口的自动检票机上刷一下车票或是“一卡通”即可完成进出站。在2014年12月，近8条北京地铁线路已经完成自动售票系统。目前，北京已实现了真正意义上的“一卡通行、一票通行”和无障碍换乘。

2. 上　海

动画-上海车票发展史

上海轨道交通又称上海地铁，其第一条线路——上海轨道交通1号线于1993年5月28日正式运营。

上海地铁最早采用纸质车票、人工售检票的方式，经历了由单一票价向多级计程票价的转换。1999年3月1日，自动售检票系统的使用标志着上海轨道交通售检票管理工作进入计算机时代。2000年，在上海城市轨道交通1号线原自动售检票系统的技术上叠加了国产的以上海公交卡作为储值票的系统，形式同磁卡和非接触城市公共交通卡，同时实现了地铁运营商与公共交通卡公司的交易数据与账务结算。2001年，上海地铁2号线投入运营，并将1号线自动售检票系统同步扩展到2号线。2005年12月，上海地铁正式实行线路联网，设立路网清分结算中心，负责票卡发行、数据汇集处理等工作。

3. 广　州

动画-广州车票发展史

广州地铁是服务于广州市的城市轨道交通系统，于1997年6月28日开通。截至2013年12月28日，广州地铁共有9条营运路线，总长为260.5千米，共164座车站。

2006年12月15日之前的广州地铁票价按区间分段计价，自2006年12月15日起，广州地铁线网票价按里程分段计算票价。广州市地铁1号线采用美国CUBIC公司的磁卡自动售检票系统，并于1999年年初全线投入使用。为适应线网换乘和清分的要求，对系统进行了改造，现系统使用非接触式IC卡车票实现换乘。单程票在售出当站、当日有效，出站时，车票由出口闸机回收。

4. 香　港

香港地铁曾经是香港两大城市轨道交通系统之一，原称地下铁路，由香港铁路有限公司运营。香港地铁始建于1975年，1979年起首条线路开通运营，为乘客提供市区列车服务，且采用了自动售检票系统。香港地铁现在已成为香港公共交通的重要方式，是世界上最繁忙的城市轨道交通之一。

香港地铁收费分成人及特惠两种。地铁收费根据路程长短而定，所乘搭的站数越多，收费就越高。车票有3种类型：八达通、单程票及旅客票。

5. 重　庆

重庆轨道交通是服务于我国直辖市重庆的城市轨道交通系统。第一条线路于2004年11月6日开通观光运营，于2005年6月18日正式开通运营，是中国西部地区第一条城市轨道交通。重庆轨道交通已运营里程202千米，日均客流量突破140万，均位居中西部第一位。

2005年6月，重庆轨道集团正式启用自动售检票系统代替人工售检票方式。重庆轨道交通实行“实行里程计价、递远递减”的计程票价。乘客进入车站后，可持宜居畅通卡（重庆公交卡）或轨道交通纪念票刷卡进站乘车，无票乘客到自动售票机或人工售票处购买单程票后刷卡进站乘车。车票种类包括：单程票、宜居畅通卡、纪念票、定次票及一日票。

➢ 任务实施

通过调研、收集，能够阐述我国各城市轨道交通发展情况及 AFC 系统使用情况，并了解该城市轨道交通票制。将相关内容填写在表 1.3 中。

表 1.3　城市轨道交通及其 AFC 系统发展记录表

序号	城市名	开始运营时间	线路条数	票制	AFC 系统使用情况	AFC 系统的重要性
1						
2						
3						
4						
5						

➢ 评价考核

评价表 1.1

项目名称		学生姓名	
任务名称		总成绩	
评价项目		评价等级	
学习目标	评价内容	小组评价 （A/B/C/D/E）	教师评价 （A/B/C/D/E）
知识目标	国外城市轨道交通票务系统发展现状及其票务管理情况		
	国内城市轨道交通票务系统发展现状		
能力目标	了解国内城市交通票务系统的发展		
	掌握国内城市轨道交通票务系统的现状		
	掌握国内外城市轨道交通票务系统的特点		
素质目标	积极的学习态度		
	任务完成过程中和同学或教师进行充分的交流沟通		
	任务完成过程中的团队协作精神		
教师评语	教师签名：		

任务2 票务管理体系

➢ 任务要求

1. 掌握车站票务管理的主要内容。
2. 掌握运营公司票务组的主要职责。
3. 掌握票务中心的主要职责。

➢ 知识准备

票务管理体系是以车票销售为中心的管理体系，一般涉及的单位有车站、网络售票等，具体工作内容包括车票开制、票底管理、磁票回收、车票维护、联网票务调度等。票务管理体系是确保车票发放安全、客流稳定不超载、运营企业资金安全的必要管理体系。

1. 车站票务管理

车站票务管理可以从人、设备、现金、消耗料4个方面的关系着手，负责执行票务的收益管理、车票管理和票务设备设施管理，如图1.1所示。车站票务管理主要内容有：

（1）票款营收管理：主要是售票员在每日工作结束后，将当日的单程票、交通卡售卡充值和BOM、TVM实际收到的收入填写台账并上送。

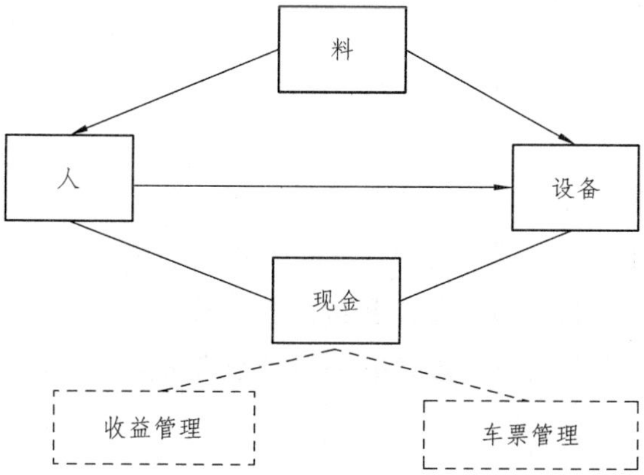

图1.1 车站票务管理模型

票卡周转管理：包括车站内各类票卡的领取、发售、废卡，将这些卡的信息每日进行统计并填写台账。

交接备注管理：主要是售票员记录一些补、短款信息、登记交接班的信息。

车站备用金管理：即车站的备用金使用和归还以及变更情况管理。

发票管理：车站级的发票的票种、领用、退还，这些信息也需要每日填写台账。

银行票据管理：通过特质的带条形码的四联单和票据打印机实现银行票据管理电子化。

落实中心票务管理、票务稽查工作，执行中心票务工作计划中相关工作任务，完成各项票务指标。

执行票务规则及总部、中心各类票务规章制度，提出修改完善建议；负责编制 AFC 系统设备操作手册，并为中心编写票务规定提供技术支持。

2. 运营公司票务组

银行资金账接入：和银行通过接口的方式将银行的电子回单导入系统，作为资金对账的依据。

票卡周转管理：本运营公司管辖的票卡的发放、回收和调拨管理；同时向票务中心请票卡领用。

运营公司票款收入管理：包括银行回单的核对，车站填报内容的审核，并配合公司财务做好资金账户的资金管理工作。

日常对账和报表：根据 AFC 系统接入的信息以及车站手工填报的信息核对应收和实收收入；再通过手工填报的信息和银行资金核进行银行资金、发票领用信息的核对。

负责车站票务报表、备用金、发票的申报、管理以及票款、车票管理工作；负责票务备品的定额管理工作；监控票务收益安全监控系统的使用情况。

负责车站票务收益的核对、结算及总部票务收益报表编制工作，定期向相关部门提交收益核对及结算中发现的设备问题和票务问题。

3. 票务中心的票务管理

票卡周转管理：对运营公司的票卡发放、回收、坏卡管理等功能，并且通过报表反映整个路网的票卡使用、调拨、库存等状况。

发票管理：对各运营公司的发票发放和缴销审核工作。

票款收入资金管理：对各运营公司的票款收入报表和审核

各类报表：与车站票务相关的报表，包括票卡、票卡收入、发票、客流、车站运营与票务相关的报表，全面反映全路网以及各运营公司的票务管理情况。

➢ 任务实施

调查研究你所在城市的轨道交通票务系统。

1. 任务说明。根据本单元内容，结合你所在城市的城市轨道交通现状，编写一份城市轨道交通票务系统或调研报告。

2. 深入了解城市轨道交通票务管理系统的功能、设备种类和车票媒介的作用。

3. 任务要求。在本次实训任务中，所形成的报告最终以 PPT 的形式展示，应图文并茂，具有说服力。报告中，可以以下列命题的主题开展。

（1）你所在城市的城市轨道交通车站有哪些设备与票务有关？

（2）介绍你所在城市的城市轨道交通使用的车票。

（3）介绍你所在城市的城市轨道交通票价。

➢ 评价考核

评价表 1.2

项目名称		学生姓名	
任务名称		总成绩	
评价项目		评价等级	
学习目标	评价内容	小组评价（A/B/C/D/E）	教师评价（A/B/C/D/E）
知识目标	国外城市轨道交通票务系统发展现状及其票务管理情况		
	国内城市轨道交通票务系统发展现状		
能力目标	了解国内城市交通票务系统的发展		
	掌握国内城市轨道交通票务系统的现状		
	掌握国内外城市轨道交通票务系统的特点		
素质目标	积极的学习态度		
	任务完成过程中和同学或教师进行充分的交流沟通		
	任务完成过程中的团队协作精神		
教师评语	教师签名：		

任务3　城市轨道交通票务系统的业务管理

➢ 任务要求

1. 掌握票务系统业务管理的主要内容。
2. 掌握票务系统账务管理的流程。

➢ 知识准备

票务系统的业务管理是借助自动售检票系统来实现的，主要内容有：票卡管理、规则管理、信息管理、模式管理和运营监督等。

1. 票卡管理

票卡就是乘客使用的车票，用于记载乘客的出行和费用信息，是乘车的有效凭证。票卡管理就是对票卡的发行、使用、更新等全过程进行的有效管理。

根据管理方式，票卡通常分为可回收类票卡（除纪念票外的单程类车票）与不可回收类票卡（纪念类单程票和储值类车票），这些票卡在使用过程中具有相同的作用。但是，为了能够满足人们不同的需求，票卡经常会出现纪念票以及验工卡的情况，在发生突发状况时也会出现应急纸票的情况。

票卡管理工作的中心是车票的采购、编码（初始化）、发售、预赋值、调配、监测、清洗、注销、销毁等。车票处理员担任车票的制作、配送等工作，主要有：统计线路级车票库存量，并根据全线车票使用情况制定车票采购计划；对新票进行验收入库；对各类车票的初始化、编码工作；对各类车票进行出入库管理；对车站各类车票使用情况进行汇总、监控和管理工作；根据车站的车票需求情况及时调配车票；对需回收的车票及问题车票进行分析和处理，如图 1.2 所示。

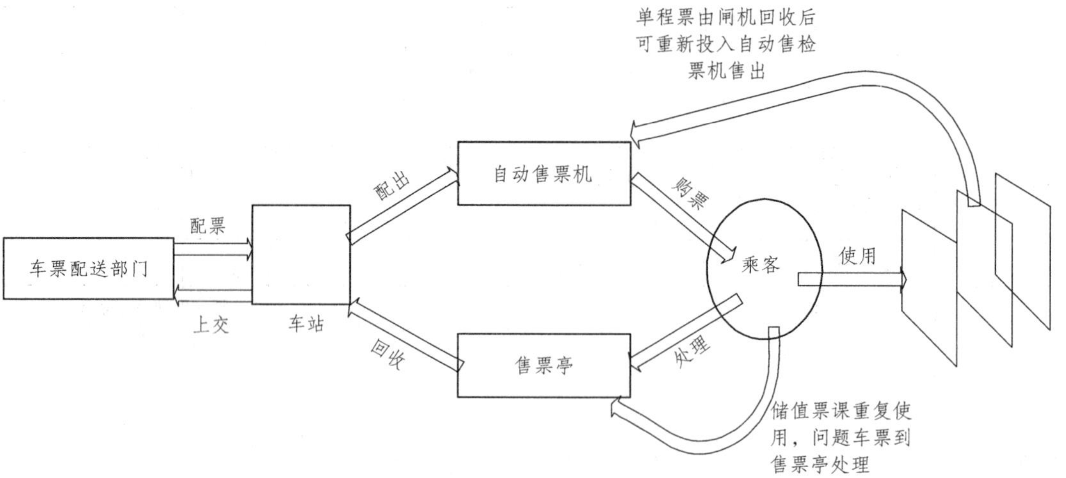

图 1.2　车票管理流程图

票卡管理流程涉及多个环节，票卡的安全关系到整个票务系统的安全以及票务系统的高效运行。票卡安全管理包括防流失、防盗、防火、防作弊等。应制定车票回收、清点、存放、保管及交接制度。车站票卡应定期盘点，盘点应将车站所有的票卡进行回收、拆封，逐一清点，如图 1.3 所示。

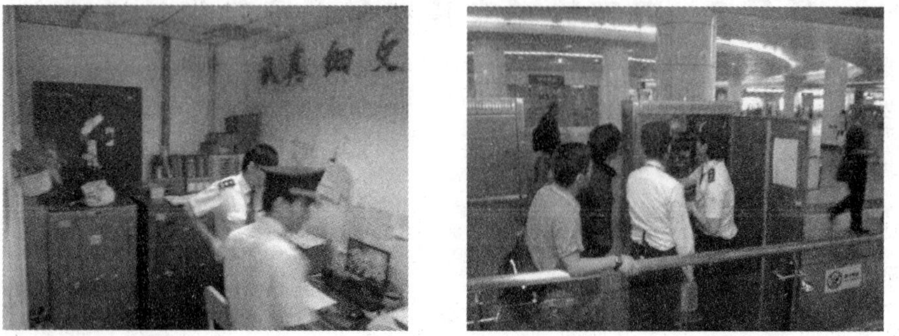

图 1.3　票卡管理过程图

2. 规则管理

动画–票务规则示例

为保证票务系统能够在多部门和多环节高效运行，就必须制定一套科学、严密的管理流程，包括票价策略、结算规则、权限管理和操作流程等。

票务政策对票务管理起着主导作用。票务政策包含国家和地方规程控制的票制、票价和优惠政策，也包括补票、退票的规则。坚持把轨道交通作为城市公益性公共交通基础设施的原则，与其他公共交通系统协调统一，制定相互适应的票价策略。例如，经市政府审核批准，重庆轨道交通实行里程计价、递远递减的计程票价；乘客乘坐轨道交通1次，在180分钟内，按照乘坐里程计算票价，最低票价2元，最高票价10元。

3. 信息管理

信息化是自动售检票系统的一个基本特征。若未进行有效的管理，则无法为决策提供可靠的信息，所以需对系统收集的基础数据进行深度挖掘、加工，开展统计分析并发布信息。

信息管理有助于实现轨道交通的信息共享，能够提升票务管理的速度和共享度，提高工作人员票务管理的效率和准确性。在城市轨道大系统中，自动售检票系统（AFC系统）是集计算机技术、网络技术、现代通讯技术、自动控制技术、非接触IC卡技术、大型数据库技术、机电一体化技术、模式识别技术、传感技术等多项高新技术于一体的大型系统。它以其高度的智能化设计，扮演着售票员、检票员、会计、统计、审计等角色，通过数据收集和控制系统实现了票务管理的高度自动化。

4. 账务管理

账务管理是对系统内的票务收入进行汇缴、清算、入账等过程的管理，包括账户设置、票款缴费、登账稽核、收益清算、资金划拨和对凭证进行有效的管理等。财务管理主要包括核查管理、审计管理和稽查管理，三者的关系流程如图1.4所示。

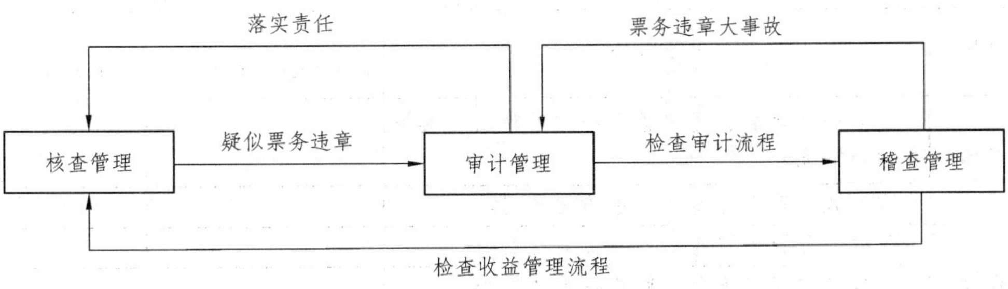

图1.4 财务管理流程图

核查管理主要是对票务收益进行核对、汇总和加工，通过将自动售检票系统设备提供的交易数据和实际收到的现金进行比对，核查票款金额的应收与实收是否存在差异，调查出差异的原因，确保票务收益日常业务的顺利开展，及时发现票务违章行为和收益漏洞，提供给审计管理。

审计管理负责处理财务管理过程中发现的票务疑难问题，调查票款差异并确定归因。审计管理人员通过应用AFC设备交易数据、系统日志数据和审计数据，对一般票务违章行为进行定性，对相关漏洞提供解决方案，将重大违章行为提交给稽查管理。

稽查管理直接对运营管理公司负责，必须应用所有资源调查重大收益违章行为，查处重大违章，定期或不定期地向上级提交票务收益和稽查管理工作总结报告。

5. 模式管理

模式管理就是针对不同的运营状况、条件所做出的相应操作行为的选择和实施，包括正常运营模式、降级运营模式以及紧急放行模式。

通常情况下，自动售检票系统在正常运营模式下自动运行。正常运营模式是系统默认模式，包括正常服务模式和关闭服务模式。正常服务模式下进行正常的售票、补票、检票等处理。关闭服务模式下，不对车票进行任何处理。而降级运营模式是运营过程中对非正常的运营状况、条件所作出的相应操作行为的选择和实施，一般包括列车运行故障模式、进出站免检模式、时间免检模式、日期免检模式、超程免检模式、紧急放行模式等。如果发生地震、火灾、爆炸等危及乘客和工作人员安全的紧急情况，需要乘客紧急撤离车站时，AFC 系统进入紧急放行模式。

6. 运营监督

运营监督就是通过系统设备以及所具有的完整、严密、及时的信息流对队运营状况进行实时跟踪监督，以提高运营质量和服务水平，它包括信息传输状况监督、客流状况监督、调整监督、收款监督及收益监督等。

政府既是城市轨道交通的主要投资方又是公众利益的代表，因此，政府一定要对城市轨道交通的运营企业及运营管理进行监管，关键是如何使监管更加有效化、常态化。常见的政府监管模式有政策性管理、直接监管和间接监管。

➢ 评价考核

评价表 1.3

<table>
<tr><td>项目名称</td><td></td><td>学生姓名</td><td></td></tr>
<tr><td>任务名称</td><td></td><td>总成绩</td><td></td></tr>
<tr><td colspan="2">评价项目</td><td colspan="2">评价等级</td></tr>
<tr><td>学习目标</td><td>评价内容</td><td>小组评价
（A/B/C/D/E）</td><td>教师评价
（A/B/C/D/E）</td></tr>
<tr><td rowspan="2">知识目标</td><td>国外城市轨道交通票务系统发展现状及其票务管理情况</td><td></td><td></td></tr>
<tr><td>国内城市轨道交通票务系统发展现状</td><td></td><td></td></tr>
<tr><td rowspan="3">能力目标</td><td>了解国内城市交通票务系统的发展</td><td></td><td></td></tr>
<tr><td>掌握国内城市轨道交通票务系统的现状</td><td></td><td></td></tr>
<tr><td>掌握国内外城市轨道交通票务系统的特点</td><td></td><td></td></tr>
<tr><td rowspan="3">素质目标</td><td>积极的学习态度</td><td></td><td></td></tr>
<tr><td>任务完成过程中和同学或教师进行充分的交流沟通</td><td></td><td></td></tr>
<tr><td>任务完成过程中的团队协作精神</td><td></td><td></td></tr>
<tr><td>教师评语</td><td colspan="3">教师签名：</td></tr>
</table>

➢ 思考与练习

1. 国内外城市轨道交通票务系统发展现状如何？请举例说明。
2. 票务管理体系有哪三大部分？
3. 车站票务管理包含哪些主要内容？
4. 城市轨道交通票务系统的业务管理有哪几个主要内容？

项目 2　城市轨道交通车票

➢ 项目导入

票卡就是乘客使用的车票，用于记载乘客的出行和费用信息，是乘坐轨道交通的有效凭证。票卡记载了乘客从购票开始，到完成一次完整旅行所需要和产生的费用、时间、乘车区间等信息。由于票卡上记载了有关乘车信息，因而也将其称为票卡媒介。不同票卡媒介记载信息的方式和数量是不同的，根据信息记载方式不同，识别方式也不同。因此，不同的媒介将对应不同的识别系统。目前，国内各大城市，如北京、上海、南京、广州、深圳等，其地铁自动检票系统的票卡媒介一般都采用非接触式 IC 卡，并且都已成功实现“一卡通”业务，即除在地铁系统换乘之外，还可以实现在公交、出租、市郊铁路等系统的换乘；另外，还可实现在停车场、加油站、便利店、超市、影院等地方刷卡消费，该技术还将在其他领域里不断完善。

➢ 知识目标

1. 掌握票卡媒介的分类。
2. 掌握纸票、磁卡、IC 卡、一卡通的特点。
3. 掌握城市轨道交通车票的类别。
4. 掌握城市轨道交通的不同票制。
5. 掌握城市轨道交通票价制定原则。
6. 掌握票卡的发行和使用过程。

➢ 能力目标

1. 能够区分不同的票卡媒介。
2. 能够区分不同的票卡。
3. 能够根据相关规定进行票价的制定。

➢ 素质目标

1. 培养学生自主学习的能力和积极的态度。
2. 培养学生善于分析问题和主动思考的职业素养。
3. 培养学生团队协作的精神。

任务 1　票卡媒介

➢ 任务要求

1. 掌握票卡媒介的分类。

2. 掌握纸票、磁卡、IC 卡、一卡通及手机支付的优缺点。
3. 掌握磁卡的工作原理。

➢ 知识准备

一、纸质车票

1. 纸质车票的定义

纸票是事先在车票上印刷相关的车票信息，由人工方式或自动方式售票，通过试读或扫描仪确认票面信息。

2. 纸质车票的分类

纸质车票分为普通纸票和条形码纸票两种，如图 2.1 所示。

图 2.1　普通纸票和条形码纸票

（1）普通纸票。

① 普通纸票的信息。

普通纸票将车票的相关信息印制在票面上，由票务人员视读确认。票面上的基本信息包括：车票编号、出票站点、乘车日期、乘车车次、乘车区间、票款金额、时间限制以及换乘等信息。普通纸票的信息是只读信息，因此不能作为储值票，只能作为单程票或特殊用途的车票。

② 普通纸票的构成。

印制纸票适用于人工售检票的票务运作模式，每张纸票相当于一张定额发票，只能提供给乘客乘坐一次地铁的服务承诺。普通纸票一般由存根、主券、进站副券和出站副券四部分组成。存根是在地铁车站内部进行收益稽核时使用的，存根由票务人员从车票上撕下；主券留给乘客，供乘客收藏或作为报销凭证使用；进/出站副券分别是乘客在进、出站检查时，提供给检票人员检查的。

③ 普通纸票的特点。

普通纸票由于所有信息印制在票面上，故其保密性不好，容易伪造，需要增加一些防伪措施，可在票面上印刷加密图形等安全信息，但同时也会给视读带来较大的困难。车票的有效性只能靠票面上的加密图案来保证。设计纸票时，可根据应用环境来确定票面相关的信息，加密图形可以以节日、大型活动或者商业广告为题材。

（2）条形码纸票。

条形码纸票是将车票的相关信息通过条形码编码储存，由条形码扫描仪完成信息识别，标识的信息只供读取而不能改写。图 2.2 为条形码纸票。

图 2.2　条形码纸票

① 条形码的构成。

条形码是将宽度不等的多个黑条和空白，按照一定的编码规则排列，用以表达一组信息的图形标识符。常见的条形码是由反射率相差很大的黑条（简称条）和白条（简称空）排成的平行线图案。这些条和空组成的数据编码可以供机器识读，而且很容易译成二进制数和十进制数。这些条和空可以有各种不同的组合方法，构成不同的图形符号，即各种符号体系，也称码制，应用于不同的场合。目前，我国干线铁路旅客运输的车票采取此种方式。

② 条形码的扫描原理。

条码识读系统是由条形码符号设计、制作及扫描识读组成的自动识别系统。条形码的扫描需要扫描器，扫描器利用自身光源照射条形码，再利用光电转换器接受反射的光线，将反射光线的明暗转换成数字信号。在条形码车票中，车票的信息是通过条形码编码实现的。

③ 条形码的优点。

条形码是迄今为止最经济、实用的一种自动识别技术。条形码技术具有以下几个方面的优点：

输入速度快：与键盘输入相比，条形码输入的速度是键盘输入的 5 倍，并且能实现“即时数据输入”。

可靠性高：键盘输入数据出错率为三百分之一，利用光学字符识别技术出错率为万分之一，而采用条形码技术误码率低于百万分之一。

采集信息量大：利用传统的一维条形码一次可采集几十位字符的信息，二维条形码更可以携带数千个字符的信息，并有一定的自动纠错能力。

灵活实用：条形码标识既可以作为一种识别手段单独使用，也可以和有关识别设备组成一个系统实现自动化识别，还可以和其他控制设备连接起来实现自动化管理。

易于制作：条形码标签易于制作，对设备和材料没有特殊要求，识别设备操作容易，不需要特殊培训，且设备也相对便宜。

成本低：在零售业领域，因为条码是印刷在商品包装上的，所以其成本几乎为“零”。

二、磁性票卡

1. 磁性票卡的定义

磁性票卡简称“磁卡票”，如图 2.3 所示，它是一种磁记录介质卡片。它由高强度、耐高温的塑料或纸质涂覆塑料制成，磁卡的一面印刷有说明提示性信息，如插卡方向；另一面则有磁层或磁条，具有 2～3 个磁道以记录有关信息数据。

磁卡上的磁涂层（磁条）是一层薄薄的由排列定向的铁性氧化粒子组成的材料，用树脂黏合剂严密地黏合在一起，并黏合在诸如纸或塑料这样的非磁基片媒介上，因此形成了纸质磁性票卡或塑制磁性票卡。

图 2.3　磁性票卡

2. 磁卡票的工作原理

磁卡票采用射频技术，属于无源射频，磁卡不能主动发出能量，但其中有线圈，能够接受读卡器发出的电磁波，然后在其中产生震荡，获得能量，将其中储存的信息发回到读卡器，读卡器接受后进行处理。然后将处理后的数据（余额等）再发射给磁卡，储存在其中，以便下次调用。例如公交车乘客上车和下车时分别刷次卡，这个过程读卡器能计算出车站数，然后进行收费。一根很细的金属直线可以作为一个简单的重放设备。金属直线与磁卡紧贴，方向垂直于磁卡运行方向，磁卡运行时，金属直线切割磁力线而产生感应电动势，电动势的大小与切割的磁力线成正比。当磁卡的运行速度保持不变时，金属直线的感应电动势与磁卡表面剩余磁感应强度成正比。

3. 磁卡票的优缺点

（1）磁卡的优点。

可以进行机读，提高了自动化程度。

可以方便地进行票卡生产，成本较低。

可以循环使用，降低能源消耗。

（2）磁卡的缺点。

票成本相对较高，虽然可采用回收重复使用模式（地铁），但会带来要对客票进行消毒处理、提供报销凭证、客票回收后各站对其清空与分配等问题，给运营单位增加了负担。

自动售/检票系统要频繁地对磁卡票进行接触式读/写，不可避免地要每天投入大量人力物力对磁头进行消磁和除尘清洗。

磁卡性的自动售检票系统设备由于需要较精密的传输机构，机械结构复杂，精密度要求高，因而设备造价较高，对维修人员的素质要求也比较高。另外，由于机构动作频繁，造成机械磨损后的维护成本较大。

磁条的读写次数有限，当磁卡使用到一定次数后，就会对磁条的读写产生影响。

磁卡使用中容易受到诸多外界磁场因素的干扰而改变存储内容。

由于密钥随身携带，极易被拷贝伪造，特别是现有的安全技术已难以满足较高安全要求的应用需求。

4. 磁卡票的构成

常见的磁条上有 3 个磁道，称 TK1，TK2，TK3。磁道 1 与磁道 2 是只读磁道，在使用时磁道上记录的信息只能读出而不允许写或修改。磁道 3 为读写磁道，在使用时可以读出，也可以写入。

磁道 1——可记录数字（0～9）、字母（A～Z）和其他一些符号（如括号、分隔符等），最大可记录 79 个数字或字母。

磁道 2 和 3——所记录的字符只能是数字（0～9）。磁道 2 最大可记录 40 个字符，磁道 3 最大可记录 107 个字符。

三、IC 卡票

动画–查看 IC卡结构

1. IC 卡的定义

IC 卡又称集成电路卡，它是在大小和普通信用卡相同的塑料卡片上嵌置一个或多个集成电路构成的。集成电路芯片可以是存储器或处理器。带有存储器的 IC 卡又称为记忆卡或存储卡，带有微处理器的 IC 卡又称为智能卡或智慧卡。记忆卡可以存储大量信息；智能卡不仅具有记忆能力，而且还具有处理信息的功能。IC 卡是 1974 年一名法国新闻记者发明的。由于便于携带，存储量大，它日益受到人们的青睐。IC 卡可以十分方便地存汽车费、电话费、地铁乘车费、食堂就餐费、公路付费以及用于购物旅游、贸易服务等。

IC 卡是继磁卡之后出现的又一种新型信息工具。IC 卡是指集成电路卡，一般用的公交车卡就是 IC 卡的一种，一般常见的 IC 卡采用射频技术与 IC 卡的读卡器进行通讯。IC 卡与磁卡是有区别的，IC 卡是通过卡里的集成电路存储信息，而磁卡是通过卡内的磁力记录信息。IC 卡的成本一般比磁卡高，但保密性更好。

非接触式 IC 卡又称射频卡，成功地解决了无源（卡中无电源）和免接触这一难题，是电子器件领域的一大突破。主要用于公交、轮渡、地铁的自动收费系统，也应用在门禁管理、身份证和电子钱包等方面。

2. IC 卡在城市轨道交通中的应用

地铁车票根据乘车次数划分，可有单程票及多程储值票。目前，储值票的介质已由传统的磁卡逐渐被非接触 IC 卡所取代。根据 IC 卡中所镶嵌的集成电路的不同可以分成三类：存储卡、逻辑加密卡、CPU 卡。目前非接触 IC 卡是各国地铁储值票的首选介质，在韩国、我国香港、上海、南京地铁的自动售检票系统（AFC）中储值票就选用了非接触 IC 卡。

2002 年 4 月 24 日，广州地铁一号线磁卡自动售检票系统替换为非接触 IC 卡系统改造全面启动，广州地铁一号线成为国内外地铁率先使用“代币式”非接触 IC 卡的地铁，同时也是我国内地第一个车票全为 IC 卡的地铁。

1999 年 3 月 1 日起，上海一号线全面启用自动售检票系统。自动售检票系统的全面启用，聚酯材料制造的地铁磁卡车票全面取代纸质车票。2005 年 9 月开始，上海地铁改用 IC 卡。

2008 年 6 月 9 日，作为老线更新改造工程的成果之一，北京地铁启用自动售票系统，人工售出的纸质车票停用，取而代之的是非接触式 IC 卡车票。乘客只需在地铁出入口的自动检票机上刷一下车票或是“一卡通”即可完成进出站。

3. IC 卡的分类与特点

（1）根据镶嵌的芯片的不同划分为：存储器卡、逻辑加密卡、CPU 卡、超级智能卡。

（2）根据卡与外界数据交换的界面不同划分为：接触式 IC 卡、非接触式 IC 卡、双界面卡。

（3）根据卡与外界进行交换时的数据传输方式不同划分为：串行 IC 卡、并行 IC 卡。

4. IC 卡的外形与设计

（1）筹码型 IC 票卡。

筹码型 IC 卡是在直径为 30 mm、厚度为 2 mm 的非金属材料圆盘内，嵌装集成电路芯片及天线，通过电感耦合的方式与筹码读写器进行操作的 IC 卡，简称筹码（TOKEN）。筹码型 IC 票卡如图 2.4 所示。

图 2.4　筹码型 IC 票卡

（2）异型 IC 卡。

标准卡为国际统一尺寸的卡品，它的尺寸是 85.5 mm × 54 mm × 0.76 mm。而今由于个性的需求印制不受尺寸的限制，导致了在世界各国出现不少形形色色的“怪异”卡，此类卡我们称为异形卡。

异型卡并不是指某种类型的卡。通俗的说，形状上不规则的都可以称作异型卡。异型卡内可以封装各种各样的芯片，也就是说可以具有多种不同功能。

四、一卡通及手机支付

1. 定　义

一卡通，就是在同一张卡上实现多种不同功能的智能管理。本质上是一套由卡片、器具和上位管理软件所构成的特殊信息管理系统。其核心内容是利用卡片这种特定的物理媒介，实现从业务数据的生成、采集、传输到汇总分析的信息资源管理的规范化和自动化。

手机支付也称为移动支付（Mobile Payment），是指允许移动用户使用其移动终端（通常是手机）对所消费的商品或服务进行账务支付的一种服务方式。继卡类支付、网络支付后，手机支付俨然成为新宠。2010 年 4 月工信部科技司在“2010 第二届中国移动支付产业论坛”上透露，工信部有关部门正在着手小额手机支付标准的研究制订工作。

2. 我国各城市一卡通简介

（1）羊城通（广州）。

羊城通是广州市公交车电子收费系统的一种电子钱包，是广州市城市交通智能化系统工程（ITS）的相关子系统。截至 2013 年 12 月底，羊城通（岭南通卡）已可在广州、佛山、肇庆、东莞等 20 个城市应用，而广州“羊城通”和佛山“广佛通”已自动升级为岭南通卡，持羊城通（无需换卡）即可刷遍广东省内 20 个城市公交。

广州羊城通最新取消了月票制度，开始实行新的优惠政策。乘客在一个月内使用一张卡，乘坐公交和地铁达到 15 次之后第 16 次起，乘车按 6 折优惠。这里的 15 次，可以是单独乘坐公交的总次数，或单独乘坐地铁的次数，也可以是乘坐两种交通工具次数之和。前 15 次乘坐公共交通，按羊城通普通优惠计算（即 95 折）。

另外，羊城通对学生、老人及公交司机发行特种票卡，分别为学生卡和老人免费卡及老人优惠卡，使用学生卡及老人优惠卡乘坐公交、地铁 5 折优惠，使用老人免费卡乘坐公交、地铁不收费。羊城通票卡如图 2.5 所示。

图 2.5　广州羊城通票卡

（2）深圳通（深圳）。

深圳通是由深圳市运输局监制、深圳市公共交通结算管理中心发行的一款既可优惠乘坐深圳市公交车，又可在深圳地铁和商店消费的一种储值卡。深圳通票卡如图 2.6 所示。

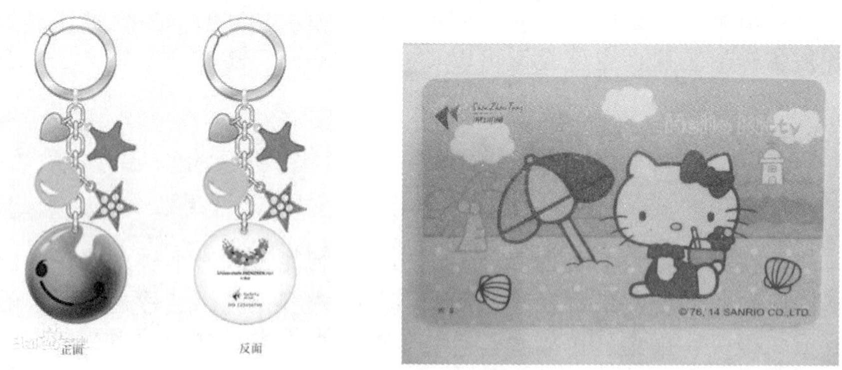

图 2.6　深圳通票卡

2006 年 1 月 18 日，巴士集团所属的 38 路公交车上安装了首批“深圳通”设备，标志着“深圳通”卡已经实现了地面公交与地铁的互通，市民手持“一张卡”乘坐地铁、地面公交车辆的目标已经实现。

使用“深圳通”乘坐任一地铁线路，乘客享受 9.5 折票价优惠。乘客在刷卡后 90 分钟内，在不同的公交线路间、在公交线路与地铁间、在地铁与公交线路间换乘，在刷卡优惠的基础上，给予 0.4 元/人次的换乘优惠。

（3）长安通（西安）。

长安通即西安“城市一卡通”，于 2009 年 12 月 1 日开通运行，在 181 个售卡充值网点，可以换、购、租到“长安通”卡。市民期盼已久的，手握一张卡就能乘公交、出租车、缴纳水气热费、小额支付等功能将逐步实现。西安长安通通票卡如图 2.7 所示。

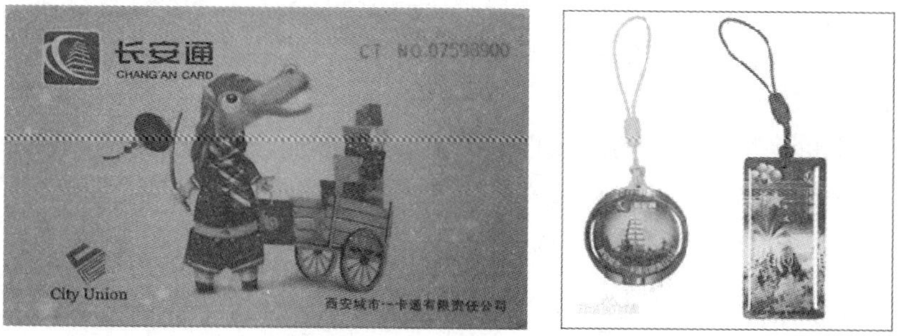

图 2.7　西安长安通通票卡

“长安通”卡采用国家建设事业城市密钥，实行三级安全管理，而公交 IC 卡采用的是公交企业密钥，实行一级安全管理。“长安通”在技术方面更先进，卡采取技术领先的 CPU 卡，容量大、扩展性能强；而公交 IC 卡采用的是 M1 卡，容量小，不易扩展。

“长安通”普通卡，售卡的图案是深红色背景下的铜车马；租卡为红黄色相间背景，图案仍为铜车马。据了解，“长安通”卡的图案将以兵马俑等西安驰名文物为主。

“长安通”卡发行价格采用销售或者出租的方式收取，其发行类型包括普通卡、老年卡、学生卡、纪念卡。

（4）金陵通（南京）。

金陵通是南京市城市通卡品牌，是由南京公用事业 IC 卡有限公司发行的具有现金支付功能的储值卡。金陵通可以乘坐公交、地铁、出租车、轮渡、有轨电车。截至 2008 年金陵通卡的发卡总量已达到了 380 万张。

2001 年 1 月，“金陵通”首期项目在公交领域正式开通运行。2005 年 9 月，地铁系统项目开通运行；2008 年 7 月，公交、地铁老人卡项系统开通。金陵通卡发卡量大、使用领域广、服务便捷，使其成为南京 700 多万市民出行的主要支付手段。南京金陵通通票卡如图 2.8 所示。

图 2.8　南京金陵通通票卡

3. 手机支付的现状

全球手机支付是一个快速增长的大市场。经过几年发展，手机移动支付业务得到用户的广泛认可和接受。日本、韩国、美国、法国、德国、瑞典、芬兰、奥地利、西班牙、英国等国家均已开始全面的手机支付应用。

中国移动支付市场发展迅速，国内众多第三方支付企业以及运营商都在加紧布局移动支付应用。手机支付这一新兴的购物模式不仅是网络购物的延伸，更成为都市年轻人群快节奏生活方式的象征之一。

中国手机支付市场拥有广阔的发展前景。目前，手机网民在总体网民中的比例进一步提高，我国庞大的用户群为手机支付产业奠定了发展基础和巨大的市场商机。

➢ 任务实施

收集生活中的不同类别的票卡，比较各城市城市轨道交通车站的票卡和特色，分析不同票卡的工作原理和优缺点。调研分析手机支付在生活中的使用情况。

➢ 评价考核

评价表 2.1

<table>
<tr><td>项目名称</td><td></td><td>学生姓名</td><td></td></tr>
<tr><td>任务名称</td><td></td><td>总成绩</td><td></td></tr>
<tr><td colspan="2">评价项目</td><td colspan="2">评价等级</td></tr>
<tr><td>学习目标</td><td>评价内容</td><td>小组评价
（A/B/C/D/E）</td><td>教师评价
（A/B/C/D/E）</td></tr>
<tr><td rowspan="4">知识目标</td><td>掌握票卡媒介的分类</td><td></td><td></td></tr>
<tr><td>掌握纸票、磁卡、IC 卡、一卡通的特点</td><td></td><td></td></tr>
<tr><td>掌握磁卡车票的工作原理</td><td></td><td></td></tr>
<tr><td>掌握手机支付的现状</td><td></td><td></td></tr>
<tr><td rowspan="2">能力目标</td><td>能识别各类型车票</td><td></td><td></td></tr>
<tr><td>会使用各类型车票</td><td></td><td></td></tr>
<tr><td rowspan="3">素质目标</td><td>积极的学习态度</td><td></td><td></td></tr>
<tr><td>任务完成过程中和同学或教师进行充分的交流沟通</td><td></td><td></td></tr>
<tr><td>任务完成过程中的团队协作精神</td><td></td><td></td></tr>
<tr><td>教师评语</td><td colspan="3">教师签名：</td></tr>
</table>

任务 2　票卡管理

> ➢ 任务要求

1. 掌握票卡的种类。
2. 掌握城市轨道交通票制。
3. 掌握城市轨道交通票价制定原则。
4. 掌握车票发行及使用的过程。

动画–车票使用规则

> ➢ 知识准备

一、票卡的种类

1. 单程票

单程票是指乘客以一定金额购得一次服务旅行承诺，只可进行一次进站和一次出站行为的车票。单程票车票在发售站进站，在票价有效范围内可以出站使用，1 人当日购买单程票限当日 1 人 1 次乘车使用。

单程票在车站自动售票机（TVM）或者半自动售票机（BOM）上发售。自动售票机可用票价和站点两种选择方式发售，半自动售票机可用票价、站点及目的站等方式发售。

乘客凭有效车票通过刷卡进闸乘车，凭同 1 张车票刷卡出闸，出闸时回收。单程票仅限单人、单次于车票发售当日限时使用，仅限于购票站进闸，不能挂失。乘客持票超程或超时出闸时，必须按照规定补票。

乘客每次乘车从入闸到出闸，因各城市轨道交通路网不同而有所差异，如：北京地铁限时时间为 240 分钟，重庆轨道限时时间为 180 分钟。

乘客进入进站闸机后，遗失车票、人为损坏车票、使用过期、伪造、涂改车票或者利用其他欺骗手段乘车的，视为无票或持无效车票乘车，需按线网最高票价另交全额车费。车票已有进闸记录而乘客未进闸的，可在 20 分钟内在发售站免费办理消除记录手续；从有进闸记录之时起超过 20 分钟乘客未进闸的，单程票作废由车站予以回收，乘客需重新购票。

单程票一般分为以下几种：

普通单程票：乘客购票时完成对票卡的复制，当日当站、限时限距、出站回收。普通单程票如图 2.9 所示。

应急票：预先对一定数量的车票进行预赋值，由工作人员人工发售，此类应急票的使用方法和普通单程票相同。应急票如图 2.10 所示。

优惠票：根据条件给予一定的折扣和优惠的车票，如批量购买、某项活动等。优惠票如图 2.11 所示。

出站票：出站时补票使用，发售当日当站有效，出站回收。香港出站专用票如图 2.12 所示。

图 2.9 普通单程票

图 2.10 应急票

图 2.11 优惠票

图 2.12 香港出站专用票

2. 一卡通储值票

储值票是指车票内预存有一定资金，在金额足够的情况下可多次使用的车票，每次使用时根据费率扣除乘车费用，出站不回收。一卡通储值票如图 2.13 所示。

图 2.13 一卡通储值票

储值票一般分为记名储值票和不记名储值票。记名储值票即卡内保存有持卡人的个人信息，如持卡人姓名、性别、身份证号码等，可以挂失，也可以享受信用消费和信用增值及其他特殊服务。

不记名储值票票面上没有持卡人额信息，通常使用后如果无污损可以将车票退还给发卡公司以便其重新发行使用。不记名储值票不能挂失，也不能享受信用消费和信用增值等服务。

一卡通卡除可以在轨道交通路网内个车站进站、出站使用外，还可以在一卡通公司规定的范围内使用。一卡通卡可在有效期内多次使用、反复充值。一卡通卡每次乘车过程中仅限一人使用。一卡通卡一次完整使用过程必须在同一运营日内有一次进站记录和出站记录。该卡的有效期限由一卡通公司规定，通常为六年。

3. 纪念票

纪念票：地铁纪念票与纪念卡是随地铁而同时诞生的一种新兴的收藏品，既可用于收藏，也可实际使用乘车。有概不退换、有效期不可更新、不回收、不可挂失、不可充值等特点，纪念票分为定值纪念票、计次纪念票、定期纪念票三种。纪念票如图 2.14 所示。

图 2.14　纪念票

定值纪念票：限定票值总额；尾程优惠允许出站；进站刷卡，出站回收口扣费后原处退还给乘客。规定区段内不记里程。

定值纪念票必须在票面规定有效期内使用。定值纪念票刷卡进站、出站不回收，不可挂失，限一人使用。

定值纪念票可以在轨道所有线路的各车站的进站、出站使用，同时可以享受一次尾程优惠，即票内余额不足时，允许出站。票内金额不足时可用现金补票的方式收取当地路网最低乘车费用，如超程则按照尾程优惠处理。

定值纪念票的一次完整使用过程必须在同一运营日内有完整的进站记录和相应的出站记录。对于无进站记录的定值纪念票，出站时需询问乘客进站车站，并依据乘客进站车站补进站记录后，乘客持原票进站。对于无上次出站记录的定值纪念票，先按照乘客所述上次出站车站，在原卡上进行补票和扣费，若卡内余额不足则按照尾程优惠处理，不再收取乘客费用，并请乘客购买单程票进站。

4. 福利票

福利票在车票发售站进站，在符合规定的任意车站出站使用。自发售时起至当日运营结束时止，均可在发售站进站使用。福利票如图 2.15 所示。

图 2.15　福利票

需要申领福利票的乘客，可持有效证件在车站售票处免费领取福利票一张。福利票仅限当日在换领站本人、单次进站使用，但需要申请本人亲自领取，不得代领。使用福利票卡的乘客应当配合地铁工作人员对证卡核对检查。

福利票在半自动售票机上发售，仅限发售站进站使用。每张福利票与本站仅限当日 1 人 1 次乘车使用。福利票的一次完整使用过程必须在同一运营日内，有发售记录、发售站进站记录和相应的出站记录。

目前我国有多类人群乘坐城市轨道交通可享受免票政策，相关工作人员可凭借相关证件换发福利票，如《中华人民共和国残疾人证》《中华人民共和国老干部离休荣誉证》《中国人民解放军离休干部荣誉证》《中华人民共和国残疾军人证》《中华人民共和国伤残人民警察证》《中国人民解放军士兵证》《中华人民武装警察部队士兵证》。

5. 出站票

出站票仅供乘客在车票发售站出站时使用，自发售时起 4 小时出站有效。出站票在 BOM 机（半自动售票机）上发售，乘客持超过 4 小时不能正常出站的出站票，须到半自动售票机上座超时补路网最低票价后，持原票出站，闸机回收 。

乘客持非本站发售出站票无法正常出站，须到半自动售票机上做超程补票，或提醒乘客到出站票发售站出站；乘客持有既超时又超程出站票出站时，须到发售出站票补票出站或按照超时加超程收取相应的乘车费用，乘客持原票出站。

无票、人为损坏单程票，按照本站最高票价发售出站票；乘客持假票、废票、伪造票、冒用免费证件、无票强行进出付费区按照 10 倍路网单程票最高票价补交票款。

二、票　制

轨道交通票制是指收费方式和票价变化的结构，它是票价的基础。目前国内外轨道交通现行的票制大体上可分为基本票制和辅助票制两大类。其中单一票制和计程票制的应用最为广泛。

1. 单一票制

单一票制是指不管乘车距离长短，全网发售单一票价的定价政策，目前采用该方案的国外城市较多，如纽约、莫斯科等，国内有北京等。单一票制的优点是操作相对简单，检票设备价格较低，这为地铁公司节省了设备费用和管理费用，从而降低其运营成本。单一票制的缺点就是对乘车距离长短不同的旅客收取同一票价的政策，容易引发短途乘客的不公平感，从而导致短途客源的减少，这不仅令地铁的运输能力受到浪费，更会加重地面交通运输的负荷，不利于城市交通的整体规划和建设。然而，即便单一票制具有缺陷，但在特别条件下它仍然是适用的，如在地铁试运行时期以及采取人工检票条件下，单一票制就会显得比其他票制更加方便且更有效率。

2. 计时票制

计时票制是按照乘客在轨道交通系统中停留的时间计费的票制，指乘客在购买了有购买时间等相关电子信息的地铁票后，在其后的一段时间内可任意转乘不同类型的市内交通工具，如地铁、轻轨及公共汽车等。这种票制方案最大的优点就是操作简单，且能满足市民在不同交通工具之间换乘的实际需求。其缺点是乘坐里程与票价之间没有直接的联系，对于高成本的运输企业是不利的，其本质是政府给予市民的一种福利分配制度。计时票制适用于市公共交通仅由一个运营企业承担的城市，目前全世界只有温哥华采用这种票制，而我国由于没有这种各类城市交通设施统一运营的城市，所以计时票价在我国不适用。

3. 计程票制

计程票制是按照乘客乘坐距离的长短计算票价的票制。可以根据乘距长短，分别给予乘客不同的优惠。虽然采用计程票制的票务管理比较复杂，但票价制定比较合理，有利于吸引更多的乘客。世界各国的地铁系统，60% 以上的系统采用的都是计程票制，目前采用该票制的城市主要有日本的东京、我国的香港及上海等。计程票制可分为里程计程和分段计程。里程计程的费率以每公里为单位；分段计程在线网分成合理区段的基础上，费率一般采用递远递减的原则，甚至可能存在最高票价的限制。分段计程票制可以将车票价格与运营成本直接联系起来，因此对乘客而言是最公平的。

4. 分区票制

分区票制是将轨道交通线网分成若干个区域计算票价的票制，这种票制相当于把地铁运营线路中间的车站分为一个个区间，按照乘坐区间的数量进行收费。该票制在一些欧洲国家十分流行，在城市核心区采用同心圆的方式层层划分区域，划分区域与出行距离、交通模式、出行目的等因素密切相关。

分区票制一般适用于拥有完善的网络结构的轨道交通系统，其充分考虑了中心地带站距离短、边缘地带站距长的出行规律，方便乘客出行。分区票制可以通过合理设置区间，缓解中心区的客流压力等。

三、城市轨道交通票价的制定原则

城市轨道交通票价制定应以“公益为先，兼顾效益”为原则，正确处理乘客、企业和政府三者之间的关系，充分考虑“乘客的承受能力、企业的可持续发展、政府的调控能力”，实现企业长期利润最大化。因此，我们在地铁票价制定时可以考虑以下原则：

（1）公益性原则。地铁票价定价应顺应民生对出行方式的多样化需求，充分考虑市民的经济承受能力，运营初期，要凸显地铁轨道交通的公益性定位。公益优先原则，充分发挥地铁在公共交通中的骨干和公益作用，同时考虑乘客的经济承受能力和社会效益。

（2）乘客承受能力原则。城市轨道交通需要充分满足大部分市民的交通需求，价格政策要充分考虑大众的承受能力。

（3）比价合理原则。城市地铁轨道交通比价关系，要包括和不同公共交通方式之间的比价关系。鉴于城市轨道交通有安全、快捷、准点和舒适的特点，票价定位略高于地面公交，低于出租车，是各城市合理制定地铁票价的通行原则。它既可以促使地铁公司把满足乘客的需求作为运营服务的第一选择，在社会效益最大的前提下兼顾企业的发展，也可引导市民提高出行质量，逐步实现对地铁“高性价比”的认同度。

（4）可持续发展原则。地铁建设成本和运营成本大，实现财务平衡的周期长，合理收益见效缓慢，因此票价的制定不同于一般产品的价格制定，应在兼顾政府投资有限财力的同时，既要维护乘客的利益，还要考虑企业的长远发展、发挥城市公共交通的组合优势，提高城市交通整体效率。

（5）递远递减原则。轨道交通运价的结构通常表现为按距离区别的差别运价结构，这是根据运输里程而制定的运价结构体系。运距越长，分摊到单位运输里程的作业费和管理费就越少，运输成本就越低。如果按距离制定的差别运价，轨道交通运价率与运输距离的关系有以下几种情况。第一，运价率随运输距离的延长一直递远递减，与运输成本的递远递减保持一致；第二，运价率在一定运距范围内递远递减，超过一定范围，则保持一定稳定水平；第三，运价率在一定运距范围内递远递减，超过一定范围，则递远递增；第四，运价率不随运距的变化而变化，始终保持同一水平，又称为纯里程运价。

四、票卡的管理

动画–车票各管理流程内容

1. 车站票卡管理

车站票卡管理的重点是妥善保管票卡，防止票卡流失。工作人员应及时制止乘客钻闸、跳闸、并闸、带人进闸等违章行为，防止乘客携单程票离站。车站应设废票回收箱，避免车站内票卡的流失，回收乘客过闸后未正常回收的票卡，车站员工拾得的票卡也应投入回收箱。

车站票务管理人员通过车站计算机系统对车票进行整理，完成分配和车票存库管理的工作。车票库存管理相关设备包括自动售票机和闸机，当设备票卡存储已满或卡票等故障时，工作人员需要完成更换票箱、处理故障等工作。所有在车站计算机系统流转的车票，均有出入库记录，车站间的调配则由线路中心进行控制。SC 和 LC 通过数据交换来完成票卡调配功能。

线路中心对各车站设有各类车票的库存上下限，车站将检查车站的车票是否低于库存低限或高于库存高限，如果是，向线路票务中心请求车票调配。车站调配车票根据实际的出入库活动办理车票出入库。

2. 线路中心票卡管理

线路中心票卡管理是车票循环中的一个车票库存点，线路中心有专门的库管根据车票出库、入库、记录准备的车票库存。线路中心全盘掌握整个线路 AFC 系统车票流通和库存情况。同时，线路中心对各车站都设有各类车票的上下限，线路中心经过库存管理对各车站的各票种进行库存量的实时计算，当某类车票的库存量超过警戒最低限时，系统将自动生成配票计划和回收计划，协调下属 SC 进行车票调配及回收操作。线路中央计算机系统根据自己的库存情况以及线路中车站的调配申请情况组织调配票卡。

3. 清分系统（ACC）票卡管理

对于非回收类票卡，ACC 系统通过对票卡初始化、票卡发放、坏卡回收等进行库存管理。由于回收类车票是一个循环使用过程，ACC 通过票卡初始化、票卡发放、票卡调配等进行库存管理。

各个线路之间的车票调配由 ACC 负责。各个线路票务中心根据各自实际发生的出入库活动进行库存管理，ACC 根据各个票务中心和 SC 的出入库和交易记录来计算，监管线路票务中心和 SC 的库存。ACC 票务管理室监管各个线路票务中心的库存，要求超出库存高限的线路将车票调配到 ACC，或者要求警戒库存的线路到 ACC 来调配车票。

五、票卡的发行及使用

票卡的发行及使用主要包括车票编码定义、车票初始化、车票的赋值发售、车票的使用、车票使用管理、车票的进/出站处理、车票的更新、车票的加值、车票的退换、车票的回收及等工作环节。

1. 车票编码定义

车票编码定义包含车票类别、车票编号、车票票值、车票时效、使用范围等信息。

（1）车票类别。

车票类别标志了车票的分类情况，对应不同的应用方式和处理规则，车票的类别在编码的时候确定。乘客可以根据自己的需要购买规定范围内不同类别的车票。

（2）车票编号。

车票编号可分为卡面编号、物理卡号和逻辑卡号。

① 卡面编号是票卡生产厂商在制作车票媒介时印制在车票表面上的系列编号，可标明生产者代码、批次等信息。

② 物理卡号就是非印刷票卡媒介产品的序列号，并由车票媒介生产厂商在出厂时直接写在车票芯片内，物理卡号可以跟卡面编号一致，也可以不同。

③ 逻辑卡号是为了确保自动售检票系统能够跟踪流通中的车票的使用情况和针对某张或者某些车票进行功能设置而赋予的系列编号，在车票初始化时由编码机对票卡进行逻辑卡号的写入。

在车票制作和使用过程中，中心数据库可通过在车票的票面编码、物理卡号和逻辑卡号之间建立相应的关联关系，对车票的使用情况进行有效的防伪和跟踪。

（3）车票票值。

车票票值就是车票所含可乘车的资金，它是记录在车票上的，可以用于乘坐轨道交通工具的金额。

通常，使用单程票的乘客在出站时如果车票中的票值小于本次旅程的应付费用，则不予以放行，需要补足费用后才能出站。使用储票值的乘客在经过本次旅行后，将在票卡预储存的资金中扣除此次旅程的费用，如果票卡中的预储存资金的金额为零或负值时一般不让进站乘车。

（4）车票时效。

各种类别的车票都有各自不同的有效期，车票只能在系统设定的有效期内使用。如果车票即将过期或者已经过期，必须进行延期等更新处理后才能使用。

（5）使用范围。

各种类别的车票都有特定的使用范围（如线路、车站等）以规范使用秩序。

2. 车票初始化

在所有车票投入使用前，必须由专门的机构进行初始化，分配车票在系统内的唯一编号，同时生成车票相关的安全数据。

车票初始化工作是通过编码或分拣机进行的。只有经过初始化后的车票才分发至各车站进行发售。在初始化时，操作针对不同类型的车票设置系统参数及系统应用数据进行初始化编码。车票初始化时的编码内容一般包括以下数据类型。

（1）安全密钥及防伪数据。

（2）车票编号数据。

（3）车票状态数据。

在对车票初始化时，必须完成以下工作：① 设备读取车票上唯一的物理卡号，验证初始密钥；② 初始密钥验证成功后，将逻辑卡号、安全数据、编号数据及系统应用数据写入车票。

初始化后，应将车票信息记录到中央数据库中。

3. 车票的赋值发售

初始化后的车票还必须经过赋值处理才能够正常使用。对车票的赋值可由编码/分拣机执行或由车站内的自动售票机、半自动售票机在车票出售时进行。

（1）对部分需要提前赋值的车票（如应急票），可以专门的编码/分拣机进行赋值。

（2）对车票进行赋值时，必须对车票进行有效检查，再将赋值信息写入车票，但不能修改票卡发行时的初始化数据。

（3）对不同类型车票的赋值数据由系统参数确定。

各种车票发售设备是分散在轨道交通服务范围内的，且他们遵循的规则必须一致，因此，发售设备的发售许可、可发售票卡类型和票价参数等通常由中央计算机系统下载参数进行设定。车票发售完后，要将车票信息报送到中央数据库中去。

4. 车票的使用

车票通过发售/赋值后，就可以投入使用了。

动画－车票使用流程

所有车票的详细使用记录最终需要保存在中央计算机系统，以便对车票使用情况进行统计和分析。车票的每次详细使用记录至少包括车票类别、车票编号、交易类型、车票交易序号、交易时间、交易设备编号、上次交易时间、上次使用设备、交易金额、车票余值等信息。

如果乘客使用了无效车票，检票机将拒绝接受，但可以引导乘客到半自动售票机对车牌进行分析和处理。

典型的车票使用过程描述如下：

（1）车票在自动售票机或半自动售票机上出售，并写入“出售记录”（如出售时间、线路车站号、售票设备编号、车站赋值/余额等）信息。

（2）车票经进站检票机检票，在进站检票机处写入“进站记录”（如进站时间、线路车站号和进站检票机编号等）信息。

（3）车票经出站检票机检票，依不同类型车票进行不同的处理，如对乘次票（或储值票）将在车站检票机处写入“出站记录”，并扣除一个乘次（或旅程费用），票卡由检票机的回收装置完成，并清除票卡中上一次的发售、进站和出站等运营信息。

（4）候车。

（5）经出站检票机回收的车票，可直接送往自动售票机进行出售。

5. 车票使用管理

车票使用管理可分为配发、调拨、赋值与发售、收缴四个环节。

（1）配发。

由发票发行单位根据客流情况，将初始化的车票配发到个车站。

（2）调拨。

经过一段时间的持续运营，由于客流的不均匀性，可能会造成车票在各线路、各站点的分布不均匀。有些线路、站点滞留大量的车票，而有些线路、站点则车票短缺，为了提高票卡发行单位车票的使用率，可以采用调拨的方式加以平衡。

（3）赋值与发售。

自动售检票系统通过终端设备（如自动售票机、半自动售票机）完成车票的赋值与发售。

在售出一张车票时（半自动售票机或自动售票机），必须将该笔售票信息上传至中央计算机系统。为了保证交易的完整性和安全性，通常报送的数据包需要包括本地的交易流水号、时间、卡号、金额，并且将关键字段进行交易认证码 TAC 计算，通过设备中的运用软件对每笔交易均产生一个本地流水号。售票交易所具有的连续流水号和对其进行的交易认证码 TAC 计算，可保证报送至上层的交易数据完整性和安全性。从而为实现缴款金额和电子账的对账功能创造了条件。

（4）收缴。

车票使用一段时间后，必然出现不同程度的损坏，这就需要进行定期的收缴和更换。车票在初始化编码时，都被编上了初始化时间，系统可根据各种车票的使用情况设置车票的有效使用期。系统就可在使用环节中及时发现收缴超出有效期或者由于折损而不能继续使用的车票。

6. 车票的进/出站处理

普通车票的检验遵循一进一出的次序，即先有一次进站，再发生一次出站，如果乘客在进站时未经检票（或标识不清），或在出站时未经检票（或标识不清），就会造成因进出次序不匹配而导致车票的暂时性无效，通常需要由半自动售票机来完成更新。

半自动售票机根据进出次序的规则来更新车票，如果规则约定，还将根据中央计算机系统设定费率表向乘客收取更新后的相关差额费用。

对车站的进出站次序的检查也可以由中央计算机系统来操控，可以通过中央计算机系统设定某个、某部分或全部的车站对车票进行或不进行进出站次序检查；或对某一类车票的进出站次序进行或无须进行检查。

7. 车票的更新

在半自动售票机对车票进行分析后，若为进/出站次序错误、超时、超程等无效原因，则可对车票进行更新处理。中央计算机系统分别设定进/出站次码更新的时间和车站限制、进/出站次码更新的费用、超时更新的费用、超程更新的计费方式、收费方式、更新次数等。

根据车票的分析结果，如果同时存在两种或两种以上需更新的项目，则应对每项更新处理进行确认并按照运营规则进行处理。

在进行更新处理时，半自动售票机相应更新车票的进/出站状态、时间及费用，并记录更新标志等信息。

单程车票更新操作时不对单程票车票余值进行修改，通常另行收取费用。更新储值票时收费可从储值票上扣除收费金额，乘客也可以选择用现金另行支付。

8. 车票的加值

储值票可通过半自动售票机和自动加值机进行加值。中央计算机系统可设置加值的金额限制、允许加值的车票类型、加值优惠等。

9. 车票的退换

在乘客要求退票时，半自动发售票机能办理退款业务。通常退款处理方式可根据车票是否被损坏而分为即时退款或车票替换两种方式。中央计算机系统可设置退款的条件、使用次数限制、余额限制、费用等以确保退票处理有足够的安全性，防止欺骗行为的发生。

对车票进行分析后，符合系统设置参数的车票，如允许被替换的类型、指定的回收条件等可以通过半自动售票机进行替换处理。在进行替换处理时，在被替换的车票上写入有关的替换信息，但车票上的原有信息不能被修改或抹除。车票上的所有余值/剩余乘次及优惠信息应完全转入新的车票上。

10. 车票的回收

出站检票可根据预先的设置，对单程票进行自动回收。通常，回收后的车票可通过自动售票机、半自动售票机再次发售。当回收到的车票到达规定的使用寿命或出现损坏不能继续使用时，则不能再进入使用环节，应及时进行回收。也可通过编码/分拣机进行集中分拣，将达到使用周期或受到损坏的车票分拣出来进行回收，分拣条件可以由参数设置。

11. 监督管理

为了充分发挥自动售检票系统的信息对管理的支持作用，中央计算机系统应该及时将使用中必要的车票交易数据记录下来，以供系统对车票使用情况进行统计和查询，并能跟踪每张车票的使用情况，提高防范滥用、复制及伪造车票的能力，减少由于欺诈行为而引起的票务损失。同时，根据车票的编号也能查询车票的使用记录。

12. 票卡的注销

票卡在频繁地使用过程中，应建立适当的制度，对其使用状况进行及时检查。一旦发现不宜继续使用的票卡要及时注销，删除流通数据。

➢ 任务实施

以某一地铁公司为背景，收集相关资料，分析该地铁公司所使用的车票的种类、票制；描述不同级别公司和部门对车票的管理情况及车票发行和使用的过程。

➢ 评价考核

评价表 2.2

<table>
<tr><td>项目名称</td><td></td><td>学生姓名</td><td></td></tr>
<tr><td>任务名称</td><td></td><td>总成绩</td><td></td></tr>
<tr><td colspan="2">评价项目</td><td colspan="2">评价等级</td></tr>
<tr><td>学习目标</td><td>评价内容</td><td>小组评价
（A/B/C/D/E）</td><td>教师评价
（A/B/C/D/E）</td></tr>
<tr><td rowspan="5">知识目标</td><td>掌握票卡的种类</td><td></td><td></td></tr>
<tr><td>掌握轨道交通的不同票制</td><td></td><td></td></tr>
<tr><td>掌握不同级车票的管理情况</td><td></td><td></td></tr>
<tr><td>掌握城市轨道交通票价制定原则</td><td></td><td></td></tr>
<tr><td>掌握城市轨道车票发行和使用的程序</td><td></td><td></td></tr>
<tr><td rowspan="3">能力目标</td><td>能够区分不同的票价制定依据</td><td></td><td></td></tr>
<tr><td>能判定票价的优惠对象</td><td></td><td></td></tr>
<tr><td>能够区分轨道交通票卡不同的收费方式</td><td></td><td></td></tr>
<tr><td rowspan="3">素质目标</td><td>积极的学习态度</td><td></td><td></td></tr>
<tr><td>任务完成过程中和同学或教师进行充分的交流沟通</td><td></td><td></td></tr>
<tr><td>任务完成过程中的团队协作精神</td><td></td><td></td></tr>
<tr><td>教师评语</td><td colspan="3">

教师签名：</td></tr>
</table>

➢ 思考与练习

1. 票卡媒介的种类有哪些？
2. 磁性票卡的优缺点有哪些？
3. 简述 IC 的分类和特点。
4. 简述城市轨道交通车票的种类。
5. 简述城市轨道交通车票的票制。
6. 城市轨道交通票价制定原则有哪些？

项目 3 售检票系统终端设备与操作系统

➢ 项目导学

售检票系统终端设备是城市轨道售检票系统的最基本组成部分，包括售票、检票、上传交易信息等功能，其中涉及的最主要终端设备有自动售票机、半自动售票机、自动检票机。那么，这些终端设备的组成结构有哪些？具有哪些功能？如何对其进行使用以及维护？本项目主要解决这些问题。

➢ 知识目标

1. 了解自动售票机、半自动售票机、自动检票机的结构。
2. 了解自动售票机、半自动售票机、自动检票机的功能。
3. 了解自动售票机、半自动售票机、自动检票机的使用方法。

➢ 能力目标

1. 掌握自动售票机、半自动售票机、自动检票机的操作及维护方法。
2. 掌握半自动售票机的操作系统使用方法。

任务 1 自动售票机

➢ 情境导入

在乘客使用城市轨道交通时，第一个接触的设备往往就是自动售票机，它不需要工作人员的操作，乘客投入纸币或硬币，然后选择好相应的到站点，就可以方便地购买到一张车票了。

➢ 任务要求

1. 了解自动售票机的结构。
2. 了解自动售票机的功能。
3. 了解自动售票机的使用方法。

➢ 知识准备

城市轨道交通票务体系基础知识，了解乘客使用购票、检票的基本流程。

一、自动售票机的概述

自动售票机（Ticket Vending Machine，TVM）是指用于乘客自助式购买地铁单程票和对储值票进行充值的设备，它可以自动识别、接受硬币、纸币、储值票等付费方式。

装设位置：自动售票机放在非付费区。

设备功能：出售单程票、为储值票充值。

购买单程票时接收 1 元硬币、1 元、5 元、10 元、20 元纸币，可按购票金额、购票站点两种模式进行选择单张、多张购票。

可为 IC 卡充值时接收 10 元、20 元、50 元、100 元纸币。

进行充值时每次最低充值金额为 10 元，并以 10 元的整数倍递增。

重庆轨道二号线 TVM 外形图如图 3.1 所示。

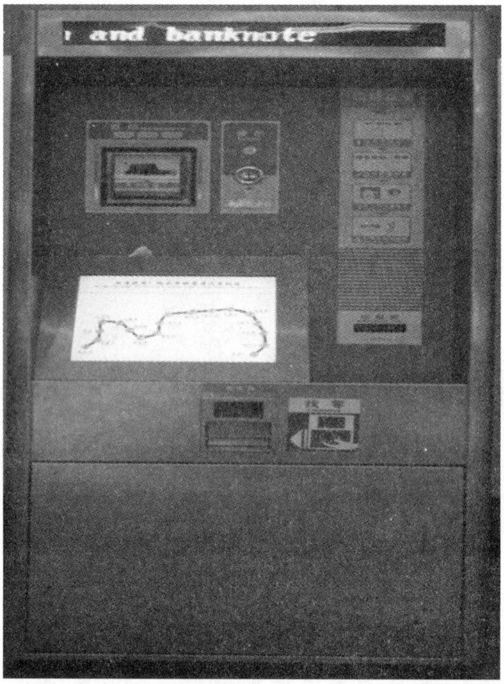

图 3.1　重庆轨道二号线 TVM 外形图

二、自动售票机的结构

动画–自动售票机的外部结构

自动售票机以主控单元为核心，辅以现金处理装置、车票处理装置、乘客显示器、打印机、电源等模块组成，还可以根据需要配置触摸屏、运营状态显示器、银行卡读写器及密码键盘等部件。

自动售票机外部结构图如图 3.2 所示。

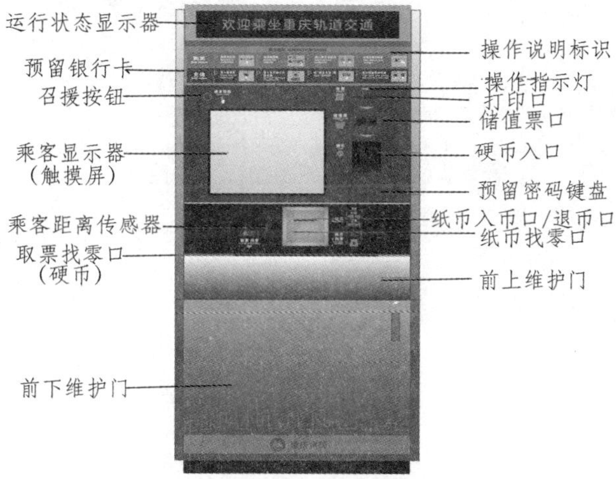

图 3.2　自动售票机外部结构

自动售票机内部结构图如图 3.3 所示。

动画-自动售票机的内部结构

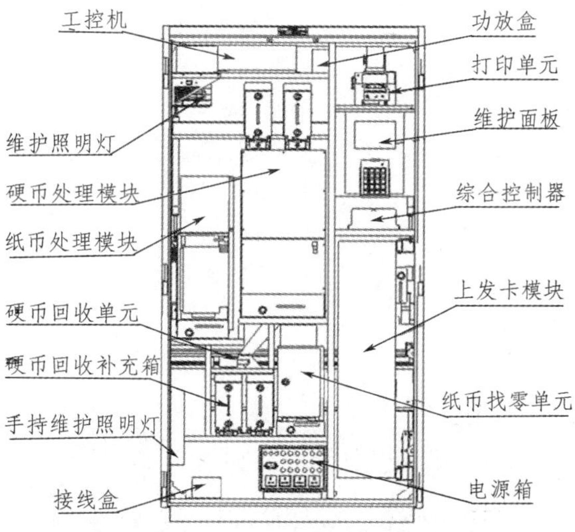

图 3.3　自动售票机内部结构

1. 主控单元（见图 3.4）

自动售票机主控单元（也称为工控机）主要负责控制软件，完成车票处理、现金处理显示、数据通信、状态监控等功能。

主要构成：

（1）接口：串口（RS232）、USB、VGA、LVDS、LAN、AUDIO、Power；

（2）CF 卡：用于数据备份；

（3）硬盘：用于存放操作系统、应用程序、交易数据等。

2. 单程票发卡模块（见图 3.5）

单程票发卡模块主要用于实现单程票卡的读写、发售功能，结构由出卡口、传输通道、回收箱、单程票处理单元、两个票卡分离单元以及两个票箱组成。

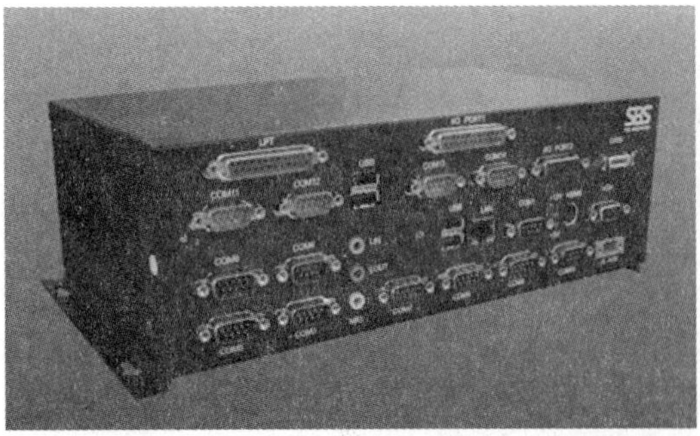

图 3.4　主控单元

图 3.5　发卡模块

3. 硬币模块

硬币模块主要用于实现乘客的硬币接收、找零，由加币箱、循环箱、备用箱、回收箱等组成。

硬币模块内部结构图如图 3.6 所示。

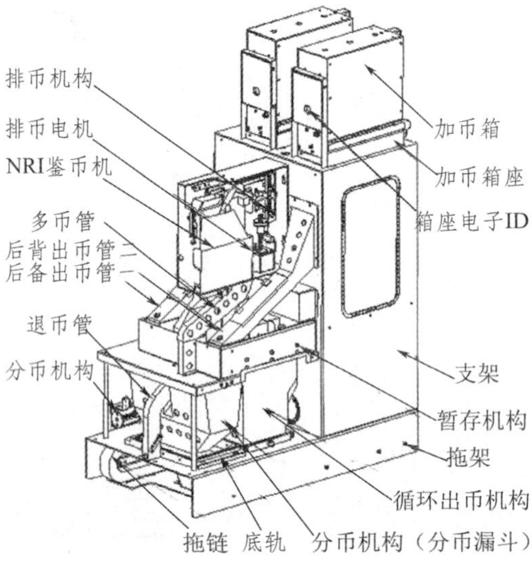

图 3.6　硬币模块内部结构

4. 纸币模块（见图 3.7、图 3.8）

纸币模块用于实现乘客的纸币的接收及找零的功能，由入币口、传输装置、识别模块、暂存器和钱箱等部分组成。

动画–自动售票机现金购票流程

5. 储值卡模块

储值卡模块用于实现储值卡的查询、充值的功能，是进行传送的机构，具有锁卡装置，在进行充值、验票时锁卡，充值、验票完成后开锁。

动画–自动售票机储值卡购票流程

6. 电源箱（见图 3.9、图 3.10）

电源箱是实现自动售票机的配电、电源转换的单元，为设备内部各个模块提供电源。

图 3.7　纸币模块（一）

图 3.8　纸币模块（二）

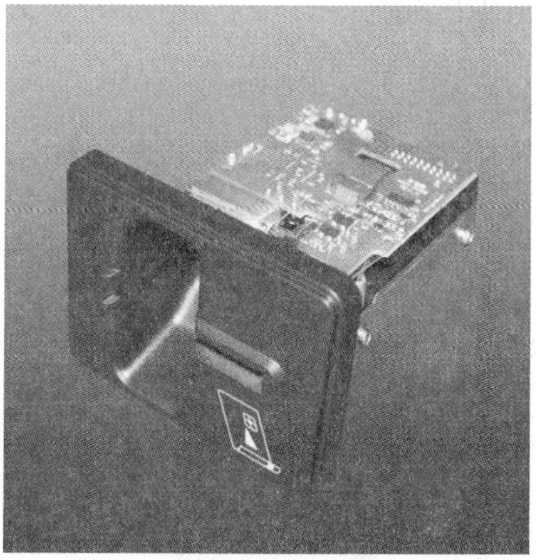

图 3.9　电源箱（一）

图 3.10　电源箱（二）

电源参数如下：

输入电源：AC 220 V + 10% − 15%，50 Hz ± 4%；

输出 1：AC 220 V + 10% − 15%，50 Hz ± 4%

输出 2：DC 24 V ± 10%

输出 3：DC 12 V ± 10%

输出 4：DC 5 V ± 10%

7. 维护面板（见图 3.11）

维护面板是操作/维修人员对设备的操作、维修和诊断工作的控制面板，维护面板包括维护面板显示器及维护小键盘。

图 3.11　维护面板

三、自动售票机的功能

自动售票机具有以下功能：

（1）接受乘客的购票选择，并给出提示信息及操作指导。

（2）接受乘客投入的现金（储值票、信用卡等付费介质）并自动完成识别，并自动找零。

（3）自动完成车票校验、车票发售及出票。

（4）对各部件的工作状态进行自动监测，并向车站计算机系统上报工作状态。

（5）接受车站计算机系统下发的参数和控制命令，并执行相应的操作。

（6）存储并上传交易信息。

（7）对本机接收的现金及维护操作进行管理。

四、自动售票机的使用

1. 日常操作流程

自动售票机的操作流程相对简单，除了正常运营外，其余操作包括更换钱箱、票箱、补充硬币等，具体操作流程如图 3.12 所示。

2. 自动售票机加币加票

（1）准备所需票卡及备用金（纸币、硬币），使用票务手推车运至 TVM 处，打开 TVM 后门。

（2）输入票务员（或值班站长）工号及密码登录。

（3）拉出 TVM 票卡发售机构，装入票箱并固定后推回复位。

补币箱如图 3.13 所示。

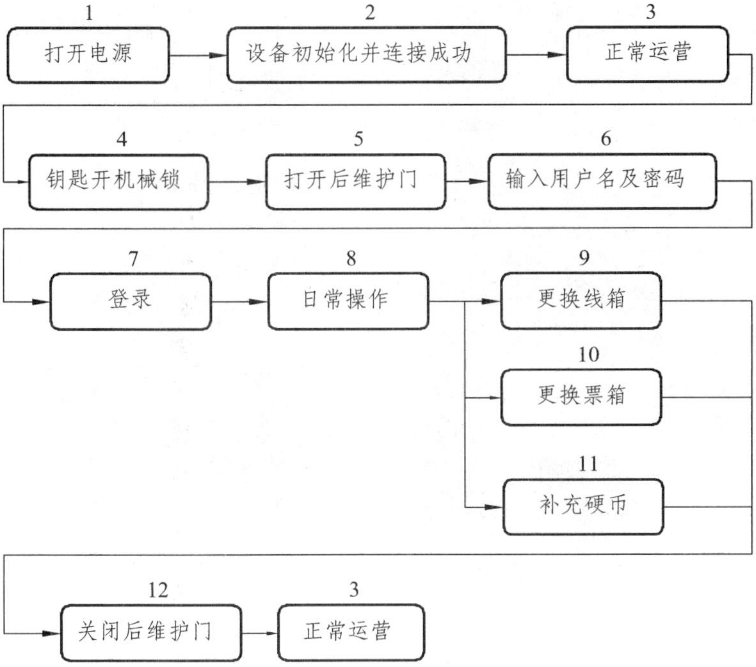

图 3.12　日常操作流程

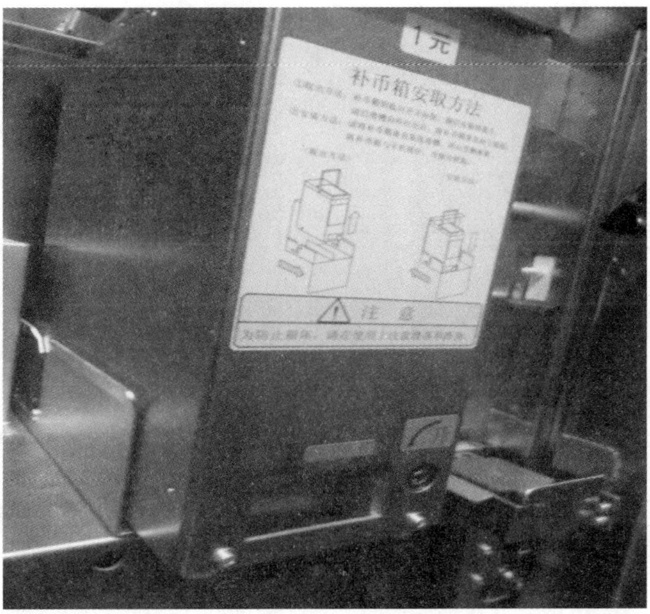

图 3.13　补币箱

（4）使用硬币补币箱钥匙（FA2041）向外拉出补币箱。

（5）并打开补币箱盖，加入硬币。

（6）拉出 TVM 纸币模块并翻转，使用 TVM 纸币补币箱钥匙并在向上抬起卡扣的情况下，取出 TVM 补币箱。使用 TVM 纸币补币箱钥匙打开补币箱，装入纸币。同样在抬起卡扣的情况下，装回补币箱（安装时注意补币箱安装位置底部的锁扣保持直立状态）。

图 3.14　取出补币箱

图 3.15　装入纸币

（7）数据录入，如图 3.16、图 3.17 所示。选择控制盘主界面“运营管理”项，分别输入添加的纸币、硬币及车票数量。添加完成后，使用“查询”功能，查询录入后的 TVM 各项数据是否正确。

图 3.16　数据录入（一）

图 3.17　数据录入（二）

（8）加币完成后，选择主界面“异常恢复”，如图 3.18 所示，系统将完成对设备各部件的自检，就绪后锁闭 TVM 后门，完成 TVM 加币加票工作。

图 3.18　完成加币

3. 自动售票机的清空清点

（1）打开 TVM 后门，使用票务员（或值班站长）工号密码登录。

（2）选择“查询”，查询 TVM 内纸币钱箱、硬币钱箱、票箱数据并记录（打印小票上也有相应记录）。

图 3.19　选择“票箱”

图 3.20　选择“查询”

（3）打开 TVM 后门，使用票务员（或值班站长）工号密码登录。

（4）选择“盘点”—“一键盘点”，等待盘点完成。

图 3.21　选择“盘点”

图 3.22　选择“一键盘点”

（5）盘点完成后查询确认各钱箱及票箱数据是否均已清零。

图 3.23　选择“查询”

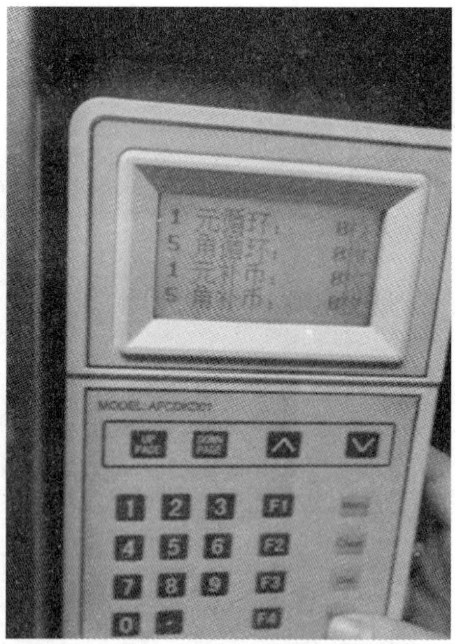

图 3.24　确认数据是否已清零

（6）取出票箱、硬币回收箱及纸币回收箱（方法与取出纸币补币箱相同）。

（7）将回收的票箱、硬币回收箱及纸币回收箱（见图 3.25）放入手推车，运回票务室清点。

图 3.25 回收的票箱和硬币/纸币回收箱

五、自动售票机的故障处理

1. 自动售票机的简单故障处理

当自动售票机出现“暂停使用”时，需打开 TVM 后门登录，查看暂停原因，并进行简单故障的处理。

（1）不出票且票款全部退给乘客：一般为卡票或连续出废票造成，所卡的车票一般没有赋值，将票取出即可。

（2）不出票且票款部分或未退给乘客：一般为卡票或连续出废票造成，所卡的车票可能已赋值，应进行验卡确定是否为赋值车票。

（3）多找币：查验车票票值与所找零钱是否相符，确定是否是上次交易少找币。

（4）少找币：首先验车票票值与所找钱币是否相符。如确定是 TVM 卡币，可先借用售票员的备用金，在 TVM 上进行买票和找补硬币操作，看是否将少找的硬币补出。如果没有找出硬币，打开维护门登录后进行清理皮带和找零口的操作。

（5）未退钱也未出票：一般为乘客所放纸币太旧，造成卡纸币。打开维护门，观察纸币所在位置，如不能立刻处理，先将钱退还乘客并上报维修人员，并注意晚上的数据可能有误。

2. 自动售票机的其他注意事项

（1）车站的 TVM 设备应保证在 7：00—21：00 时间段内全部开启使用，期间不得随意暂停 TVM 设备。7：00 之前及 21：00 以后车站可采用人工售票。具体要求如下：

7：00—21：00	所有 TVM 设备开启
21：00—运营结束	回收部分 TVM 设备，但保证每个出入口至少留一台
运营结束	回收剩余的 TVM 设备

（2）节假日（如五一、十一、平安夜、元旦节或涉及运营延时等节假日）及突发大客流情况下的 TVM 开关机时间由中心站自行规定，原则上在正常运营期间必须保证有足够的 TVM 机投入服务。

（3）车站工作人员应随时关注 TVM 设备运行状态，若因缺币、缺票、无打印纸、卡币、卡票等原因导致 TVM 机无法正常为乘客提供服务时，应及时联系票务员或值班站长进行处理。

（4）TVM 设备若因设备原因导致卡币、卡票等情况时，车站要及时报修，并及时登记到“车站报修系统”中。

（5）补币时，将硬币进行清点，确定所加硬币数量准确且无异币。

（6）补票时，不要将弯折的车票放入 TVM。以免造成读数不准和卡票。

（7）在清点票款过程中如发现机器读数与实际读数不准，首先应确定是人为因素还是系统误差。人为因素包括：加硬币时有误差、TVM 有卡币没发现、钱箱有遗留钱币等原因造成。如果是系统原因应写明备注并上报中心和维修人员。

➢ 任务实施

请根据下面的任务安排完成实训任务。

1. 人员安排：票务人员。
2. 操作设备：自动售票机。
3. 情景要求：运营过程中的工作情景。
4. 任务要求：情景模拟以下运营工作：

（1）正常运营中的自动售票机操作；

（2）自动售票机的故障处理。

➢ 评价考核

评价表 3.1

项目名称		学生姓名	
任务名称		总成绩	
评价项目		评价等级	
学习目标	评价内容	小组评价（A/B/C/D/E）	教师评价（A/B/C/D/E）
知识目标	了解自动售票机的结构		
	了解自动售票机的功能		
	了解自动售票机的使用方法		
能力目标	能够完成运营过程中自动售票机的基本软硬件操作		
	能够完成运营过程中自动售票机的基本故障处理		

续表

学习目标	评价内容	小组评价（A/B/C/D/E）	教师评价（A/B/C/D/E）
素质目标	积极的学习态度		
	任务完成过程中和同学或教师进行充分的交流沟通		
	任务完成过程中的团队协作精神		
教师评语	教师签名：		

任务 2　半自动售票机

> **情境导入**

在票务终端设备之中，半自动售票机具有最全面的票务功能，虽然不能如自动售票机一样可以完全由乘客自行操作，但是可以满足乘客购票、充值、退票、查询等诸多需要，是 AFC 系统终端的核心设备。

> **任务要求**

1. 了解半自动售票机的结构。
2. 了解半自动售票机的功能。
3. 了解半自动售票机的使用方法。

> **知识准备**

城市轨道交通票务体系基础知识，了解乘客使用购票、检票的基本流程。

一、半自动售票机的概述

半自动售票机（Booking Office Machine，BOM）是指是在车站中以人工方式为乘客提供服务的售补票设备，放置于车站售票和补票室内，具有售票、补票、充值、更新、退票、车票分析、车票处理、车票查询、收益管理、设备操作等功能。

半自动售票机外观如图 3.26 和图 3.27 所示。

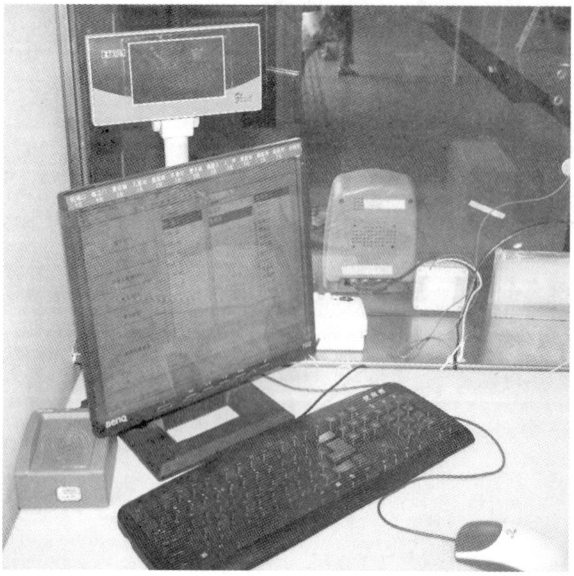

图 3.26　半自动售票机（一）

图 3.27　半自动售票机（二）

二、半自动售票机的结构

动画–半自动售票机外观介绍

半自动售票机由如下部件组成：主控单元（工控机）、车票处理模块、读卡器、操作显示器、乘客显示器、打印机、键盘、鼠标及电源模块等。

具体结构如下：BOM 主机 1 台、操作员显示器 1 台、乘客显示器 2 台、出卡机 1 台、打印机 1 台、读卡器 1 台、乘客对讲装置 1 台、不间断电源 1 台。

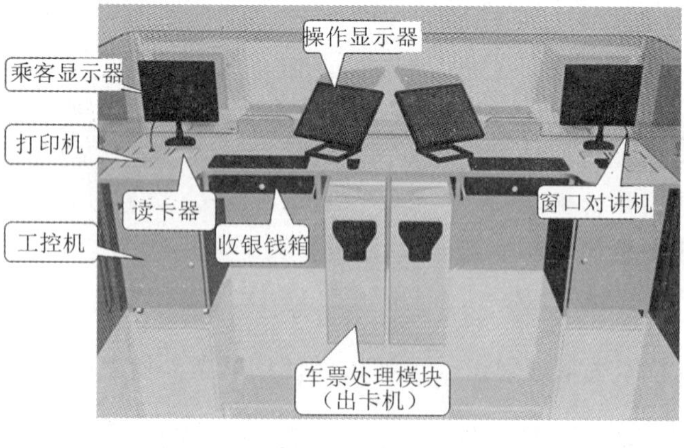

图 3.28　半自动售票机结构图

1. 主控单元（见图 3.29）

主控单元（工控机）一般选用功能可靠的工业级计算机或接口丰富的商用计算机，用于运行 BOM 软件，连接其他模块，处理并保存各种数据，通过车站网络与车站计算机通信。

图 3.29　主控单元

2. 车票处理模块（见图 3.30）

车票处理模块用于发售单程票，包括发卡发售模块、票箱、废票箱、机壳、开关电源等部件。

图 3.30　车票处理模块

3. 操作显示屏（见图 3.31）

操作显示器为操作员提供人机对话的界面显示，带有红外触摸屏。

4. 车票读写器（见图 3.32）

桌面车票读写器用于对车票信息的读写操作，读写器设计有多个 SAM 卡座，支持多密钥应用，提供读写器与安全认证模块（SAM）之间的接口和数据传输。

图 3.31　操作显示屏

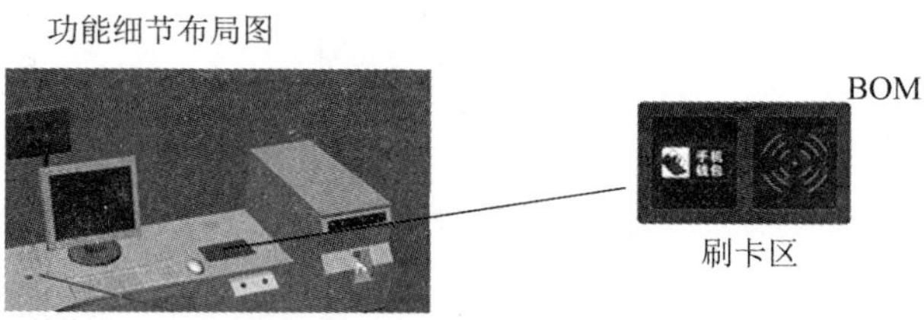

图 3.32　车票读写器

三、半自动售票机的功能

半自动售票机的功能如下：

（1）对票卡进行分析、发售、充值、更新、激活、延期、退款、交易查询、解锁等处理；

（2）向乘客发售单程票和储值票；

（3）处理非即时退款；

（4）处理车站乘客投诉，对行政处理进行记录；

（5）为车站运营部门提供相关信息服务，BOM 将自动按照系统设置要求定时将相关资料上传到车站计算机，以便车站管理部门进行分析、统计，提高地铁运营的整体服务品质和效率。

动画–半自动售票机基本操作

四、半自动售票机的使用

1. 系统启动与登录

（1）初始化启动（见图 3.33）。

系统开机后自动进行自检，在系统自检过程中，系统将对所有硬件设备和系统软件等进行检测，操作员可根据系统自检界面知道当前系统设备运行使用情况。

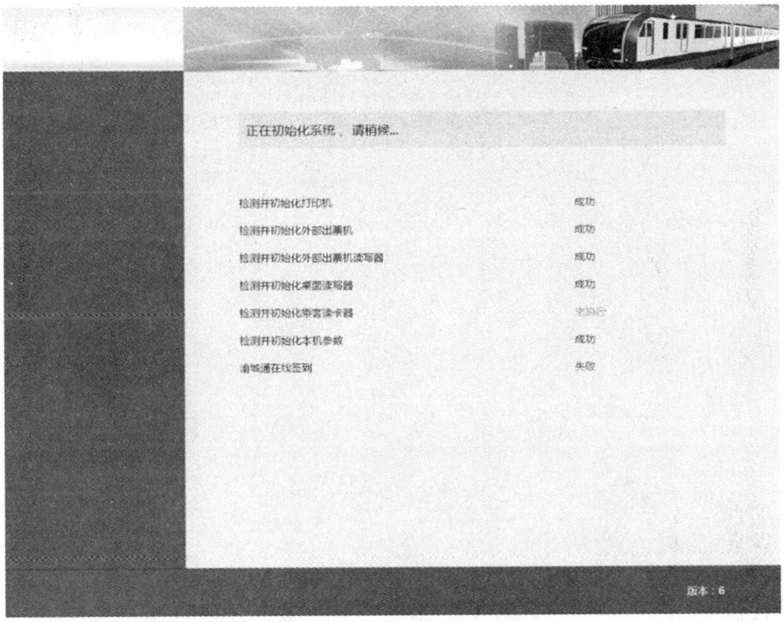

图 3.33　初始化启动

（2）系统登录（见图 3.34）。

BOM 登录界面对操作员进行认证，合法的操作员将进入主功能界面进行相应的普通业务功能或维护业务功能的操作。

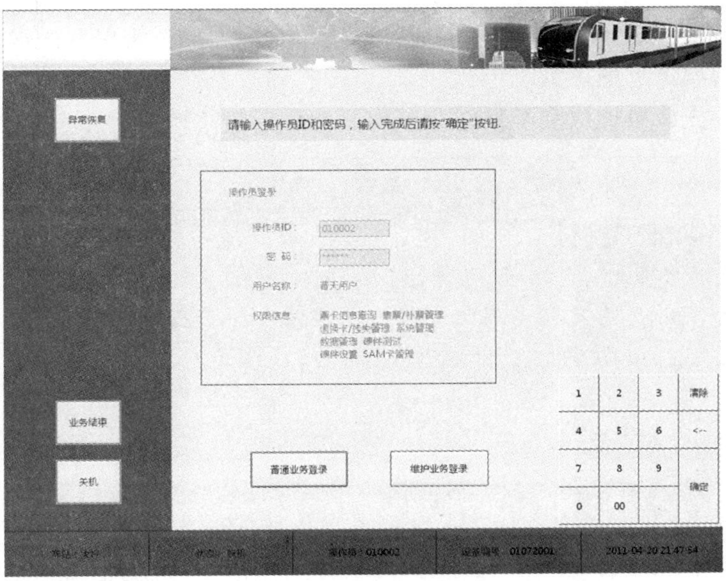

图 3.34　系统登录

2. 售票操作

（1）单程票售票（见图 3.35）。

点击“售票”—“单程票”按钮，在单程票选项里选择相应的乘坐线路、出站车站，以及购票张数。

如果选择了出站车站，系统会自动选择票价。

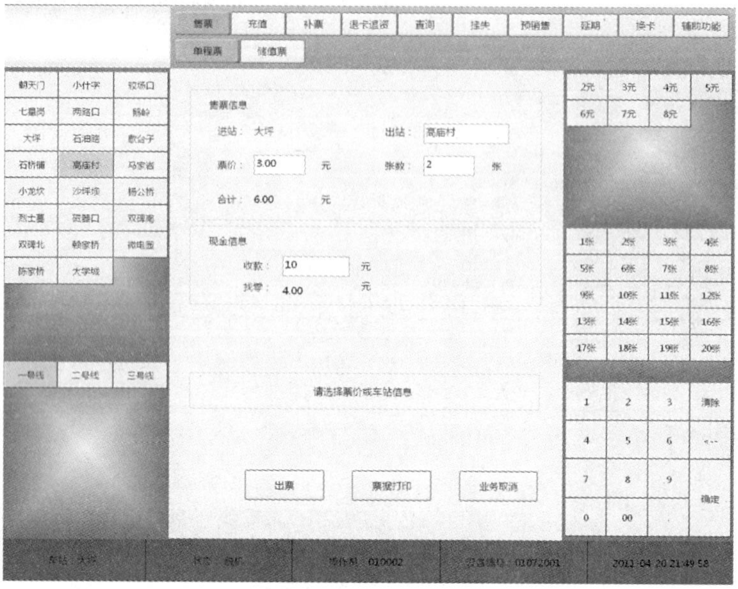

图 3.35　单程票售票

选择票价等信息及输入收款完成后点击软键盘“确定”按钮后，乘客显示器显示相应的售票信息和找零信息。“出票”按钮显亮，操作员点击“出票”按钮，发卡机开始发售车票，单程票、出站票由发卡机发售。点击“票据打印”按钮打印本次发售信息。

在未点击“出票”按钮前点击“票据打印”按钮打印上次系统保存的最后一次发售信息。

（2）储值票售票（见图 3.36）。

售储值票需要先将票卡放在车票感应区内，然后点击“售票”—“储值票”按钮。

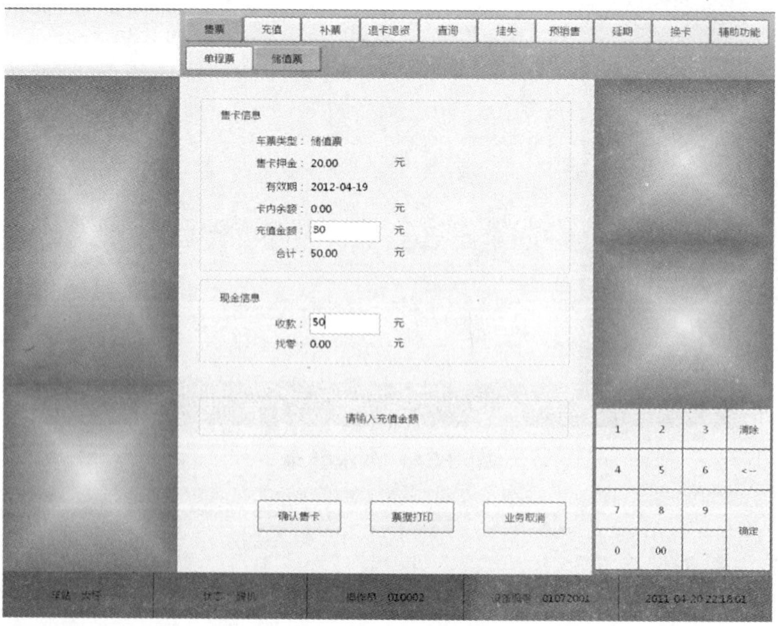

图 3.36　储值票售票

操作员输入充值金额及输入收款完成后点击软键盘“确定”按钮后，乘客显示器显示相应的售票信息和找零信息。“确认售卡”按钮显亮，操作员点击“确认售卡”按钮，桌面读写器开始充值，充值成功后自动打印本次充值信息，储值票由桌面读写器发售。。

在未点击“确认售卡”按钮前点击“票据打印”按钮打印上次系统保存的最后一次发售信息。

3. 充值操作（见图 3.37）

BOM 可为储值卡进行充值。

充值时需要先将票卡放在桌面读写器车票感应区内，然后点击“充值”—“充值”按钮。输入充值金额和现金收款，输入完成后点击软键盘“确定”按钮后，乘客显示器显示相应的充值信息和找零信息。充值界面中的“确认充值”按钮显亮，操作员点击“确认充值”按钮，桌面读写器开始充值，充值成功后自动打印本次充值信息。

在未点击本界面“确认充值”按钮前点击“票据打印”按钮打印上次系统保存的最后一次充值信息。

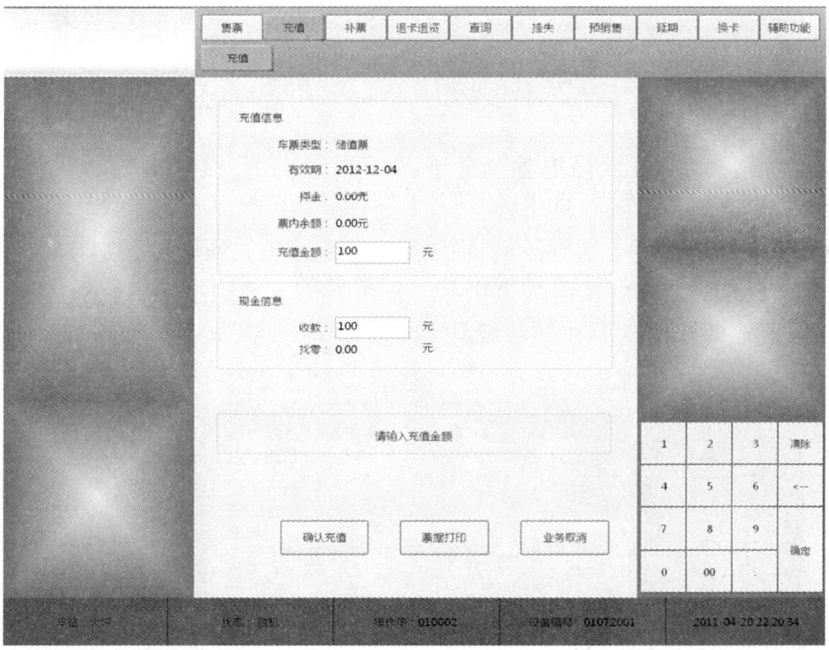

图 3.37　充值

4. 补票操作（见图 3.38）

补票业务包括发售出站票、付费区内补票和付费区外补票。

若乘客无票补票，则需要发售出站票。出站票由发卡机发售。

选择票价等信息及输入收款完成后点击软键盘“确定”按钮后，乘客显示器显示相应的售票信息和找零信息。“出票”按钮显亮，操作员点击“出票”按钮，发卡机开始发售车票。点击“票据打印”按钮打印本次发售信息。

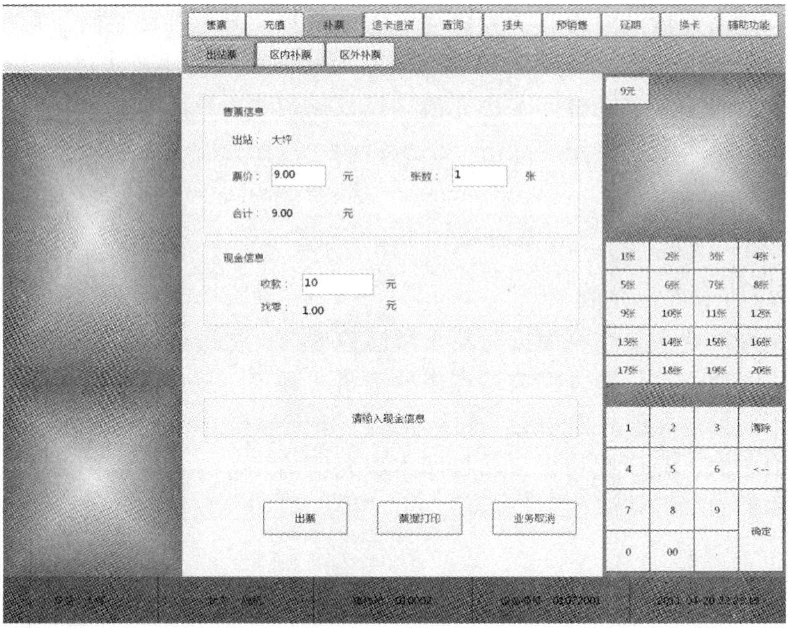

图 3.38　补票

5. 退卡退资操作

退卡退资业务包括 TVM 故障退款、退卡。

（1）TVM 故障退款（见图 3.39）。

BOM 处理因 TVM 卡币/卡票等故障而引起的退款业务。操作员根据 TVM 故障单上的内容，输入故障原因、TVM 编号和退款金额后，点击界面“确定”按钮，乘客显示器显示退款信息。操作员点击“确认退款”按钮，操作成功。

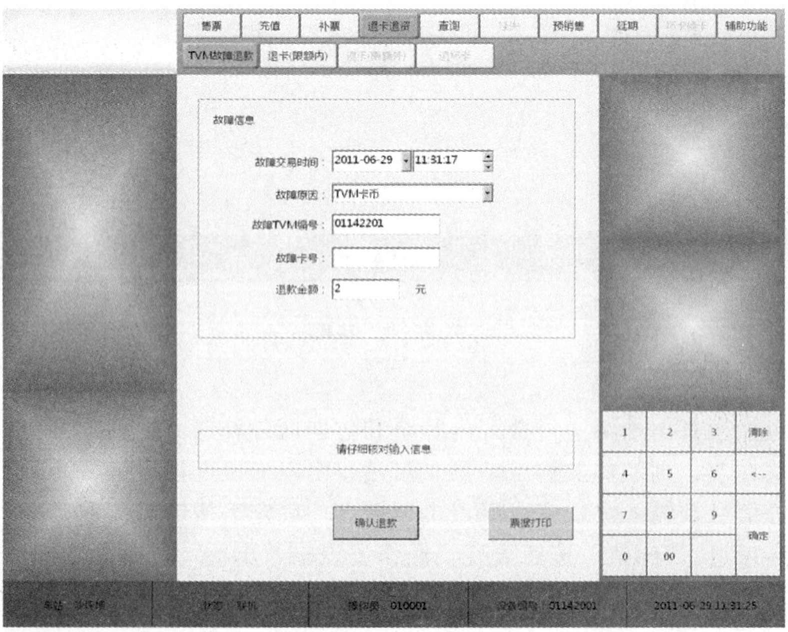

图 3.39　TVM 故障退款

（2）退卡（见图 3.40）。

退卡就是将票卡内剩余的金额和押金累加，减去退卡手续费后退还给客户。在确认乘客的退卡信息后，操作员点击“确认退卡”按钮，操作成功。

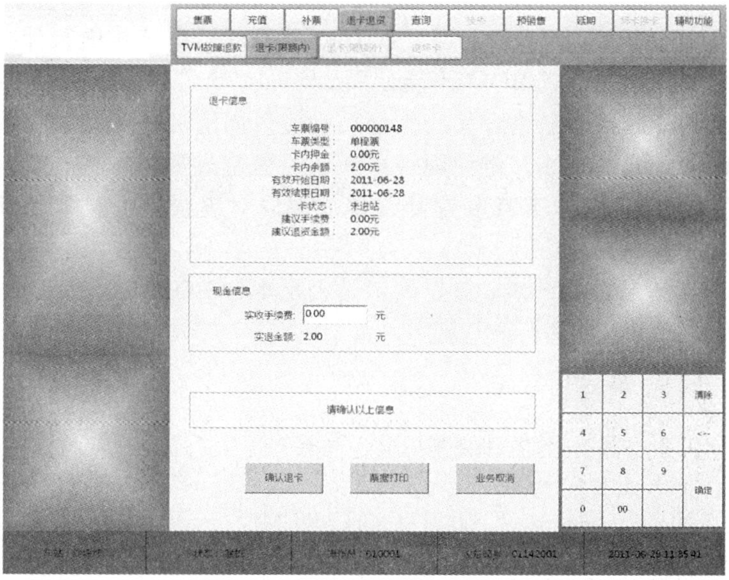

图 3.40　退卡

6. 系统登出操作（见图 3.41）

登出是当操作员交接班时须进行的操作。

操作员点击“确认签退”按钮登出普通业务界面。

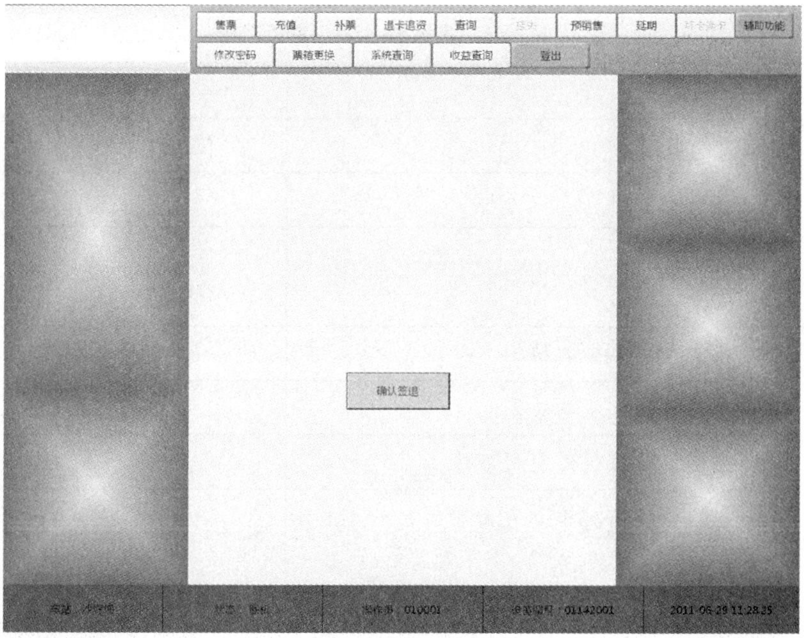

图 3.41　登出

五、半自动售票机的其他注意事项

（1）在关闭 BOM 机前应取出未售完的票卡，选定相应票箱，取出回收废票，程序清零，并确认数据已经全部上传，再关掉售票系统。

（2）注意 BOM 机使用时的状态，当发现 UPS 电源显示电池供电且伴随警报音，要注意查找问题，避免因电源问题造成 BOM 不能使用。

（3）自动出卡机传送区接触轮容易产生污垢，应每周清洁一次，避免影响出票。

（4）注意把钱箱里的钱放好，避免因钱卡在钱箱里造成短款。

（5）BOM 机一次性出两张卡或废票异常增加都应对废票进行验卡，避免因卡里有钱造成短款。

（6）BOM 如果出售了非系统卡，首先确定是否是本台 BOM 机出售，如果是，须填写《无效车票处理/退款处理单》，操作行政退款。

➢ 任务实施

请根据下面的任务安排完成实训任务。

1. 人员安排：票务人员。
2. 操作设备：半自动售票机。
3. 情景要求：运营过程中的工作情景。
4. 任务要求：情景模拟以下运营工作：

（1）正常运营中的半自动售票机操作；

（2）半自动售票机的故障处理。

➢ 评价考核

评价表 3.2

项目名称		学生姓名	
任务名称		总成绩	
评价项目		评价等级	
学习目标	评价内容	小组评价 （A/B/C/D/E）	教师评价 （A/B/C/D/E）
知识目标	了解半自动售票机的结构		
	了解半自动售票机的功能		
	了解半自动售票机的使用方法		
能力目标	能够完成运营过程中半自动售票机的基本软硬件操作		
	能够完成运营过程中半自动售票机的基本故障处理		

续表

学习目标	评价内容	小组评价（A/B/C/D/E）	教师评价（A/B/C/D/E）
素质目标	积极的学习态度		
	任务完成过程中和同学或教师进行充分的交流沟通		
	任务完成过程中的团队协作精神		
教师评语	教师签名：		

任务 3　自动检票机

➢ 情境导入

在乘客购票后，需要对乘客的票卡进行检票、扣费，以及对单程票卡进行回收操作，这就要依靠自动检票机了。自动检票机的普及省去了大量的人工检票操作，也加快了乘客通行的速度。

➢ 任务要求

1. 了解自动检票机的结构。
2. 了解自动检票机的功能。
3. 了解自动检票机的使用方法。

➢ 知识准备

城市轨道交通票务体系基础知识，了解乘客使用购票、检票的基本流程。

动画–自动检票机
总体布局

一、自动检票机的概述

自动检票机也称闸机（Automatic Gate），是指实现乘客自助进出站检票交易的设备，设置于非付费区与付费区之间，对有效车票，检票机通道阻挡解除（门扇开启或释放转杆），允许乘客进出站。

按照功能分类，闸机分为进站闸机、出站闸机、双向闸机三种类型。

双向闸机包括宽通道双向闸机和标准通道双向闸机。

进站闸机是实现乘客由非付费区进入付费区自动验票与放行的自动检票设备。

出站闸机是实现乘客离开付费区进入非付费区自动验票与放行的自动检票设备。

双向闸机具有进闸机和出站闸机的功能，如图 3.42 所示。

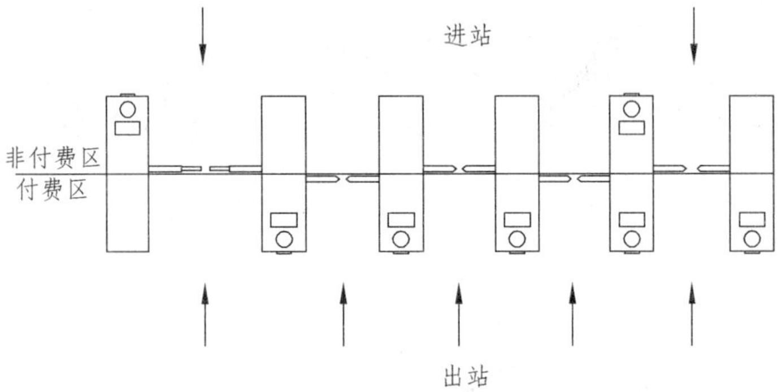

图 3.42　双向闸机

按照其阻挡装置的类型可以分为三杆式检票机、扇门式检票机和拍打门式检票机三类。

图 3.43　三杆式检票机

图 3.44　扇门式检票机

图 3.45　拍打门式检票机

自动检票机外观如图 3.46 所示。

图 3.46　自动检票机

二、自动检票机的组成

动画–自动检票机的外部结构

自动检票机主要由主控单元、乘客显示器、方向指示器、警示灯和蜂鸣器、读写器及天线、通道阻挡装置（扇门）、票卡处理装置、维护键盘和电源模块等组成。

自动检票机外部结构如图 3.47 所示。

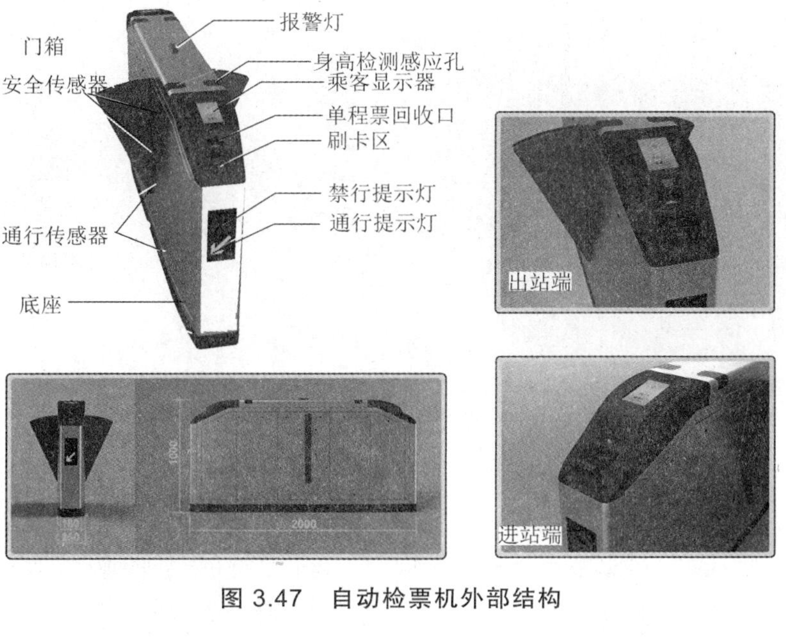

图 3.47　自动检票机外部结构

自动检票机内部结构如图 3.48 所示。

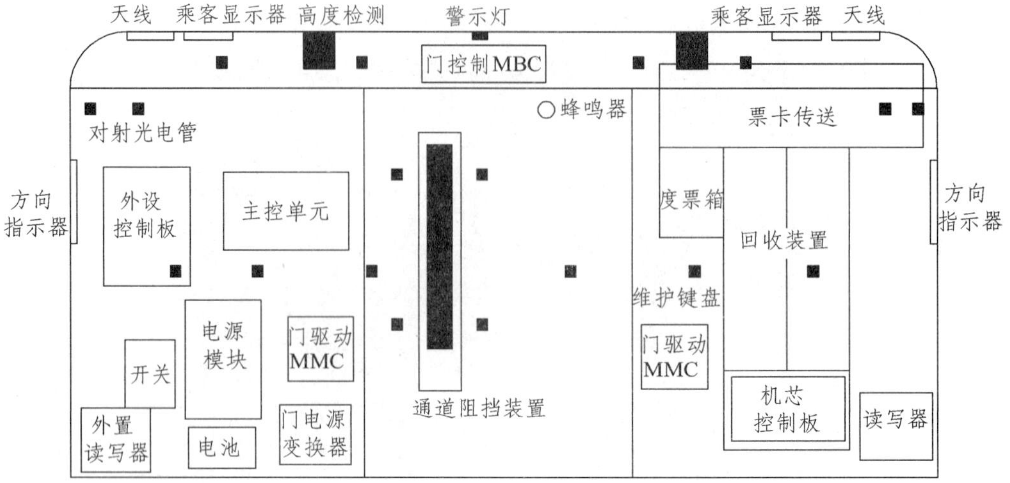

图 3.48　自动检票机内部结构

1. 主控单元（见图 3.49）

主控单元用于运行控制软件，完成车票处理、显示、数据通信、状态监控等功能。

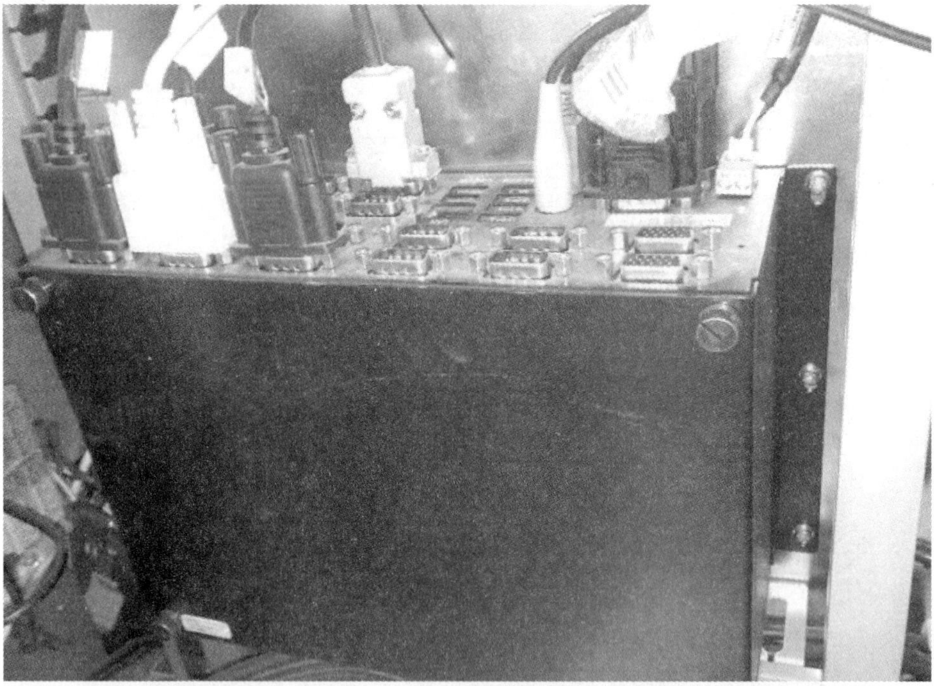

图 3.49　主控单元

2. 读写器（见图 3.50）

读写器和车票具有良好匹配的天线品质因素，保证乘客所持非接触车票以任何角度、任何划动速度进入有效读写区域，均可完成可靠、有效的读写操作。

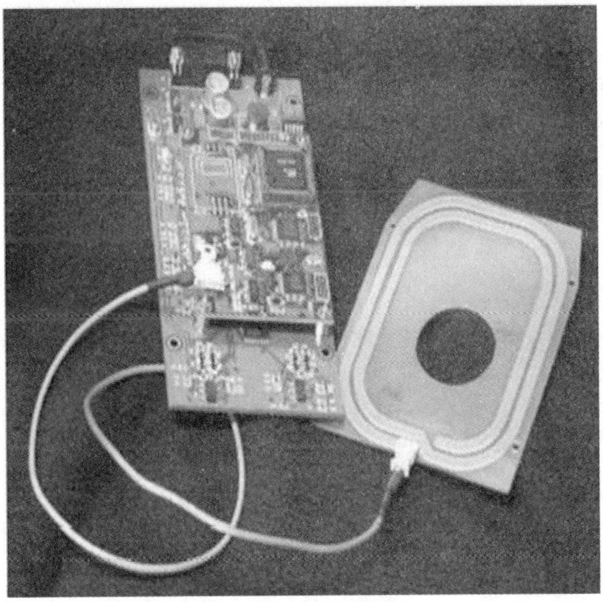

图 3.50　读写器

3. 通道阻挡装置（扇门）（见图 3.51、图 3.52）

通道阻挡装置用于保证持有效车票的乘客通过通道，也能迅速、无伤害地阻挡住试图非法通过的乘客。扇门开闭方式采用伸缩式剪式速通门，其机械部分可保证每天超过 10000 次的使用以及超过 5 百万次的使用寿命。

图 3.51　通道阻挡装置

图 3.52 伸缩式剪式速通门

4. 通行传感器（见图 3.53）

通行传感器能监控乘客通过自动检票机的整个过程并测算估计通过自动检票机的人数。通行传感器安装在闸门开关区域内，当监测到有障碍物时，闸门维持当前状态，并发出报警提示。

图 3.53 通行传感器

5. 方向指示器（见图 3.54）

方向指示器用于提示乘客进出的方向、暂停服务等信息。

6. 乘客显示器

乘客显示器用于提示乘客使用闸机的方式以及设备现行状态等信息，具体显示情况如图 3.55 所示。

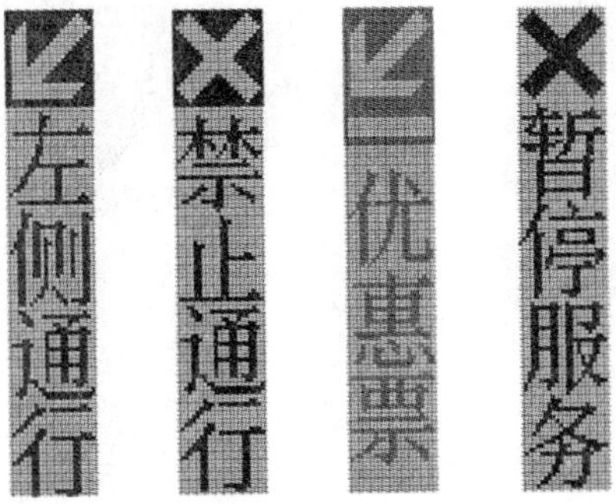

方向指示标志

图 3.54　方向指示器

序号	画面	说明
1		提示闸机可以使用
2		当有乘客持票进站刷卡时，乘客显示器显示
3		当有乘客持票出站刷卡时，乘客显示器显示
6		当乘客票出现问题时屏幕显示，屏幕右端显示故障代码供乘务员阅读。 车票无效13 超时超乘12 过期票等07
7		当设备暂停服务时显示画面
8	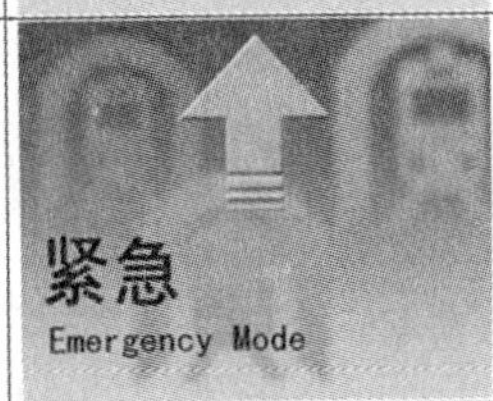	当紧急状态下屏幕显示界面
9		双向闸机在对面通道有人先行通行时，本方显示器显示忍让标志
10	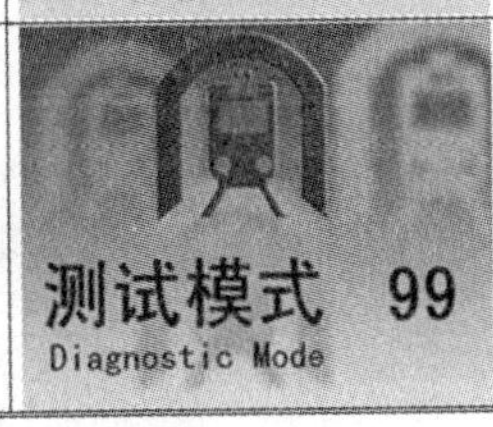	闸机通过维修面板的测试程序和键盘操作，可以本地检查乘客显示屏的信息显示内容是否正确

图 3.55　乘客显示器

7. 车票处理装置（见图 3.56）

车票处理装置是自动检票机的另一个关键部件，车票处理装置负责完成车票读写、传送及回收处理，主要包括车票读写设备和车票传送装置两部分。车票处理装置通常需要配置两个票箱，并实时监控票箱的状态，在票箱未安装、票箱将满或票箱已满时需要向主控单元发送相关信息。

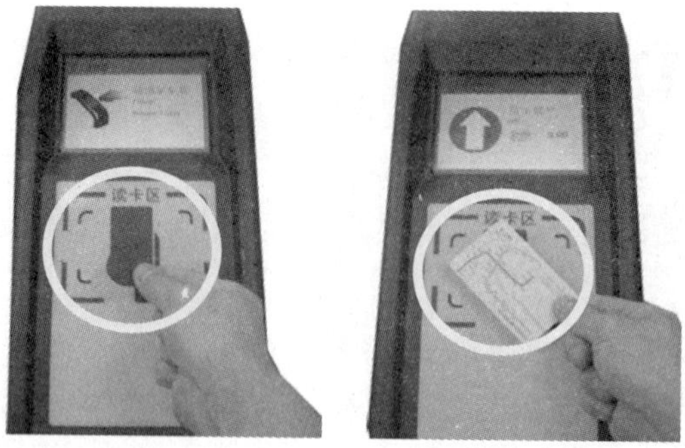

图 3.56　车票处理装置

三、自动检票机的功能

自动检票机的功能如下：

（1）自动对车票进行有效性检验，对有效车票进行相应处理后放行乘客，对无效车票拒绝放行；

（2）对车票处理结果给出明确的提示信息；

（3）对通道的通行状态给出明确的指示；

（4）对特殊车票的使用给出明确的提示；

（5）对需要回收的车票执行回收操作；

（6）对各部件的工作状态进行自动监测，并向车站计算机系统上报工作状态；

（7）存储并上传交易信息；

（8）接受紧急按钮信号并控制设备的操作。

四、自动检票机票箱更换操作

（1）打开维修门，如图 3.57 所示。

动画–自动检票机票箱更换过程

图 3.57

（2）登录自动检票机操作界面，进入“更换闸机票箱”选项，选择 1，如图 3.58 所示。

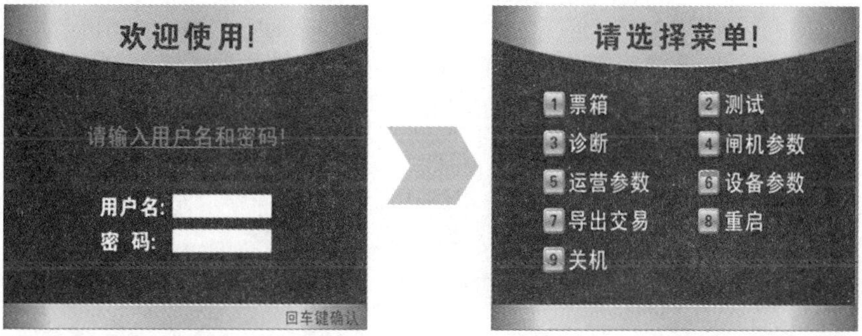

图 3.58

（3）进入主菜单界面按数字键“6”便可以进入更换票箱界面，在更换票箱界面按“F1”或“F2”，票箱 1 或票箱 2 的票就会自动下降到票箱底部并取下箱票，如图 3.59 所示。

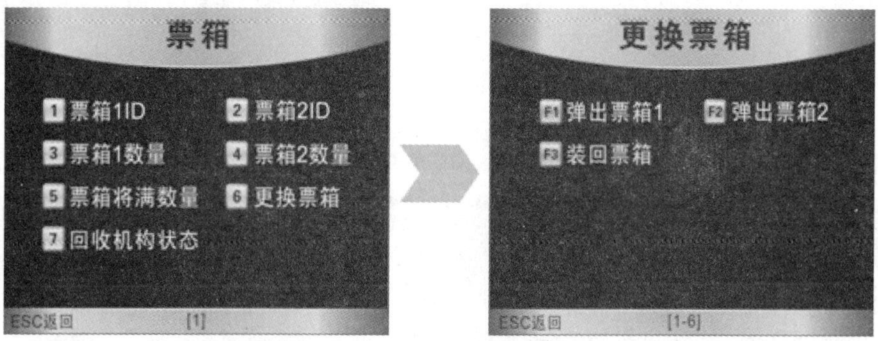

图 3.59

（4）将票箱盖板翻起插入，盖板关闭票箱进票处，此时盖板边有绿色指示灯亮起，如图 3.60 所示。

图 3.60

（5）按动票箱底部底座上的向下按钮，使票箱滑块下降至底座部位，然后使用配套钥匙将票箱上方解锁，如图 3.61、图 3.62 所示。

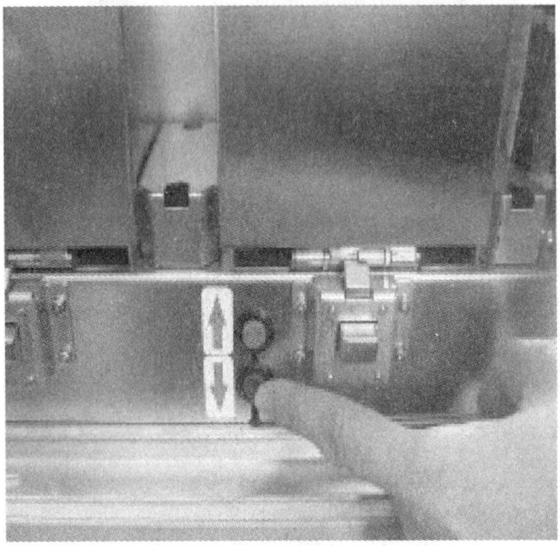

图 3.61

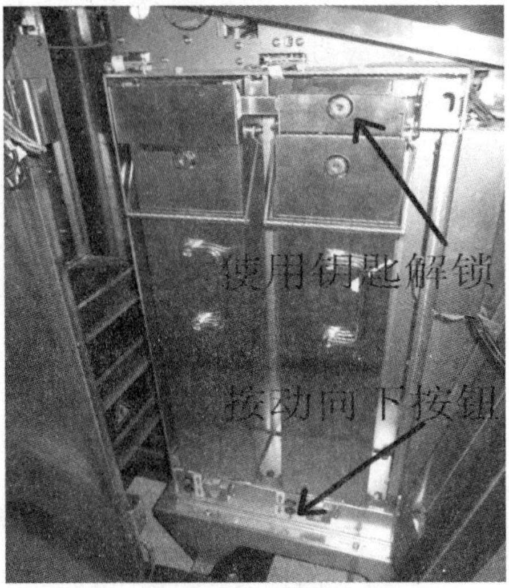

图 3.62

（6）按住下方解锁按钮，将票箱取出，如图 3.63、图 3.64 所示。

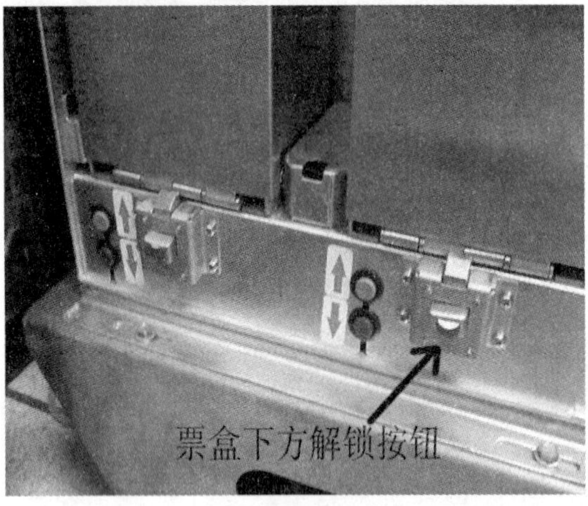

图 3.63

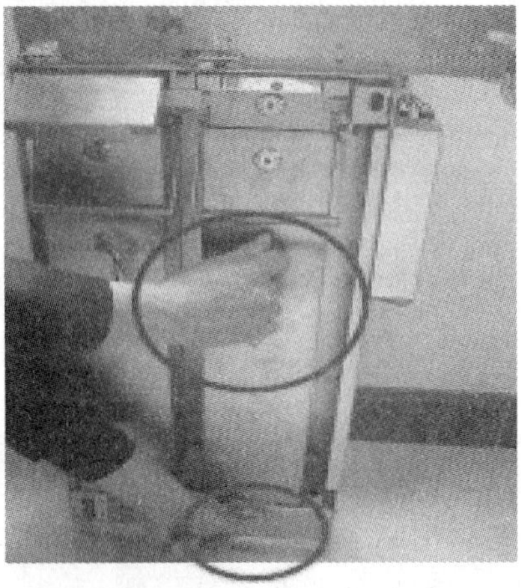

图 3.64

（7）按功能键“F3”，使票箱中的车票上升到票箱顶部，按下“Enter”，确认票箱计数清零。

（8）关上维护门，离开通道，并确认闸机正常工作。

五、自动检票机的故障处理

动画–自动检票机故障处理

1. 自动检票机的简单故障处理

（1）有票卡都不能刷卡进站。

重新启动闸机。打开闸机中间门，一手扶住闸杆，一手按下 UPS 电源按钮，等待 30 秒钟后再次按下电源按钮，约等待 50 秒钟即恢复正常。

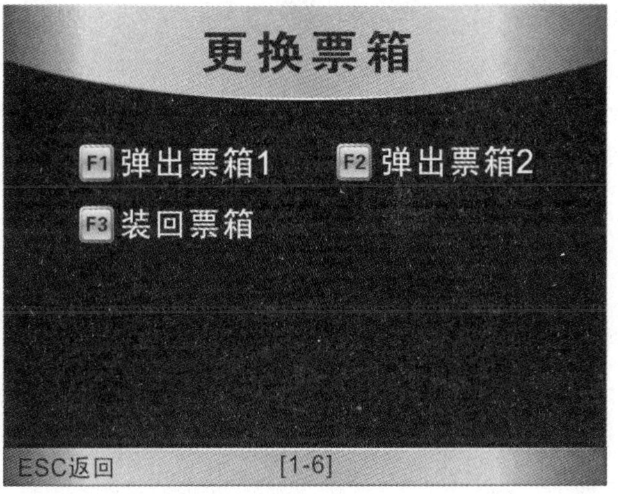

图 3.65

（2）出站闸机设备显示正常状态，但不能回收卡的可能原因：

① 卡入口堵塞。

② 卡回收机构卡死。

（3）故障报警器鸣叫。

重新启动闸机。打开闸机中间门，一手扶住闸杆，一手按下 UPS 电源按钮，等待 30 秒钟后再次按下电源按钮，约等待 50 秒钟即恢复正常。

2. 自动检票机使用注意事项

（1）闸机票卡回收及清空等必须执行双人操作，并将系统数据根据不同闸机编号分类登记到《车站闸机回收车票记录表》中。

（2）车站在每月最后一天运营结束后必须清空闸机。为提高闸机回收效率，车站可在末班车到达前半小时开始清空一半的出站闸机及双向闸机，但必须保证每组出站闸机至少有一半的设备能正常使用；提前清空的出站闸机使用隔离柱进行隔离，车站工作人员可引导乘客由其余闸机通道通过，同时做好解释工作，严禁采用打开闸机大门或人工阻止乘客出站等其他方式停用闸机。

（3）闸机回收的车票需逐一清点，清点结束后将机读数和实点数如实记录在报表中，并录入票务系统。

➢ 任务实施

请根据下面的任务安排完成实训任务。

1. 人员安排：票务人员。
2. 操作设备：自动检票机。
3. 情景要求：运营过程中的工作情景。
4. 任务要求：情景模拟以下运营工作：

（1）正常运营中的半自动检票机操作；

（2）半自动检票机的故障处理。

➢ 评价考核

评价表 3.3

<table>
<tr><td>项目名称</td><td></td><td>学生姓名</td><td></td></tr>
<tr><td>任务名称</td><td></td><td>总成绩</td><td></td></tr>
<tr><td colspan="2">评价项目</td><td colspan="2">评价等级</td></tr>
<tr><td>学习目标</td><td>评价内容</td><td>小组评价
（A/B/C/D/E）</td><td>教师评价
（A/B/C/D/E）</td></tr>
<tr><td rowspan="3">知识目标</td><td>了解自动检票机的结构</td><td></td><td></td></tr>
<tr><td>了解自动检票机的功能</td><td></td><td></td></tr>
<tr><td>了解自动检票机的使用方法</td><td></td><td></td></tr>
<tr><td rowspan="2">能力目标</td><td>能够完成运营过程中自动检票机的基本软硬件操作</td><td></td><td></td></tr>
<tr><td>能够完成运营过程中自动检票机的基本故障处理</td><td></td><td></td></tr>
<tr><td rowspan="3">素质目标</td><td>积极的学习态度</td><td></td><td></td></tr>
<tr><td>任务完成过程中和同学或教师进行充分的交流沟通</td><td></td><td></td></tr>
<tr><td>任务完成过程中的团队协作精神</td><td></td><td></td></tr>
<tr><td>教师评语</td><td colspan="3">教师签名：</td></tr>
</table>

➢ 思考与练习

1. 简述自动售票机的组成、结构及功能。
2. 简述半自动售票机的组成、结构及功能。
3. 简述自动检票机的组成、结构及功能。

项目4　日常票务作业

➢ 项目导入

票务作业是车站日常工作的重要组成部分，是城市轨道交通运营企业向乘客提供售检票服务并完成收益结算的过程，是城市轨道交通运营管理工作的重要组成部分。票务作业主要包括运营开始前的票务准备工作，首班车到达之前的准备阶段；日常售检票作业，也就是列车运行阶段的车票售卖和票务事务的处理阶段；运营结束后也就是末班列车开出后进入运营后的对账阶段，包括钱箱票款的清点、票款收缴作业等。熟练地进行日常票务作业就需要车站员工掌握相关的票务政策，熟练地进行AFC、BOM售检票操作、票箱钱箱的更换及现金收缴作业和票款解行，熟悉各类票务报表的填写等。

➢ 知识目标

1. 掌握售检票作业及退票作业流程。
2. 掌握钱箱的更换和现金清点作业。
3. 掌握票箱的更换作业。
4. 掌握车票、现金、票务钥匙和其他备品的交接和保管工作程序。
5. 掌握乘客票务事务处理的相关程序。

➢ 能力目标

1. 能够进行BOM、TVM售检票作业。
2. 能够熟练进行钱箱的更换和现金的清点作业。
3. 能够熟练地进行票箱的更换作业。
4. 能够进行乘客票务事务处理。

➢ 素质目标

1. 培养学生自主学习的能力和积极的态度。
2. 培养学生善于分析问题和主动思考的职业素养。
3. 培养学生团队协作的精神。

➢ 相关知识

动画–轨道交通
车站人员票务职责

车站各岗位的票务职责

1. 站长（指中心站站长或中心站副站长，下同）

（1）总体负责管辖车站的票务管理工作，确保管辖车站的票务运作顺畅。

（2）负责管辖车站的车票、现金、票据、票务钥匙及票务备品等安全。

（3）检查、监督、落实管辖车站的票务工作。

2. 值班站长

（1）协助站长负责车站票务管理工作，确保本班票务运作顺畅。
（2）负责本班车票、现金、票据、票务钥匙及票务备品等安全。
（3）负责点钞室闭路监控系统的日常管理和监控。
（4）检查、监督、落实本班员工的票务工作。
（5）值班站长和客运值班员合岗时，值班站长需增加履行客运值班员的工作职责。

3. 客运值班员

（1）安排并监督站务员的票务工作。
（2）保管点钞室的车票、现金、报表、票据、票务备品、票务钥匙。
（3）负责车站票款或备用金的解行与银行的打包返纳工作。
（4）负责给售票员配票、配备用金及结账。
（5）完成票务报表、台账的填报及存档。
（6）负责办理团体优惠业务。
（7）客运值班员和售票员合岗时，客运值班员需增加履行售票员的职责。

4. 行车值班员

（1）负责通过 SC 监控站级 AFC 设备运作情况。
（2）负责跟踪 AFC 设备的运作，并做好报修及记录工作。
（3）保管车控室的票务钥匙。

5. 售票员

（1）负责当班的售票工作。
（2）保管当班报表、单据、现金、车票、票务钥匙及票务备品。
（3）完成票务报表的填报。
（4）售票员和厅巡合岗时，售票员需增加履行厅巡的职责。

6. 厅　巡

（1）引导乘客正确操作票务设备。
（2）巡视车站 TVM、GATE/AGM 的运作情况。
（3）检查乘客车票的有效性。
（4）及时回收乘客遗留车票。

任务 1　运营前的票务准备作业

➢ 任务要求

1. 掌握开站的作业流程。
2. 掌握运营前 SC 的作业流程。
3. 掌握运营前的 TVM 作业流程。
4. 掌握运营前 BOM 相关作业准备。

➢ 知识准备

在城市轨道交通企业运营之前，车站工作人员需要将各项准备工作完成，车站票务准备工作也涉及不同岗位不同的工作人员。

一、开站作业流程

车站在开站前具体的准备工作涉及岗位人员包括值班站长、行车值班员、站台岗、售票岗等。值班站长在首班载客列车到站前20分钟巡视出入口，首班载客列车到站前10分钟完成出入口大门扶梯的检查工作，并巡视全站。行车值班员在首班载客列车到站前30分钟左右开始，对道岔进行测试开启环控系统，并检查其运行状况，安排人员测试屏蔽门功能，检查站台和线路出清情况，并向行车调度汇报检查结果。首班载客列车到站前15分钟，打开照明开关，并开启除闸机外的AFC设备，在首班载客列车到站前10分钟检查闸机的开启状态。售票岗在首班载客列车到站前30分钟领票，在首班载客列车到站前10分钟到岗。站台岗在首班载客列车到站前20分钟到站，在首班载客列车到站前10分钟领齐备品到岗。首班载客列车到达车站后，车站正式开使运营服务。

二、运营前SC操作流程

在正常情况下SC应全天开启，在运营开始前，由行车值班员负责登录进入车站计算机，检查系统参数版本并通过车站计算机监控开启车站终端设备（BOM、AG、TVM），检测车站计算机与各终端设备网络连接状况。同时由厅巡人员现场确认车站AFC终端设备是否处于正常服务模式。必要时，行车值班员可以通过SC查询设备状态、闸机的车票历史记录、系统设置参数等，打印或显示有关报表。运营结束后，由值班站长和客运值班员通过SC关闭所有AFC设备（设置为暂停服务）注销退出计算机。一般情况下，只允许当班值班站长、客运值班员或行车值班员以及AFC维修人员在车站SC上操作和查询，操作完毕应立即注销退出。

三、运营前TVM的作业流程

1. 为TVM补票、补币

车站必须保证运营开始时有足够的TVM投入服务，每日运营开始前，车站必须对TVM补充单程票和找零现金，一般由客运值班员为TVM补充车票、找零硬币和纸币，同时手工填写《车站TVM加票、回收、清点记录表》，由两人在场清点并签字确认，同时将补充数量通过TVM维修面板录入AFC系统，并将相关信息正确录入TVM。

给TVM补充找零备用金和单程票的过程分为两步：第一步，值班员和站厅巡视岗在车站管理及设备区AFC室清点、核对相应数量的现金和单程票，加入钱箱票箱并上锁；第二步，由两名车站员工将上锁的钱箱、票箱放入上锁的票务手推车，推到站厅TVM背后打开维修门和卡座，放入钱箱票箱并打开（为了防止监守自盗，一般情况下，随着钱箱票箱盖的打开，卡座自动锁闭使钱箱票箱不能从TVM取下，保证钱票安全）。

客运值班员补充硬币的操作流程：登录TVM维修面板—选择更换钱票箱—更换硬币箱—添加硬币—输入添加的硬币枚数—插入硬币箱—拉开拉板释放硬币-推回拉板-取下硬币箱—

安装回收箱—将取下的硬币箱装入硬币回收箱位置。

客运值班员补充纸币的操作流程：将纸币找零箱和废票箱安装到位—登录 TVM 维护面板—选择更换钱票箱—更换纸币找零箱—加入纸币—输入添加纸币的张数以及钞票箱的 ID 号。

2. TVM 开启操作流程

在运营开始前，行车值班员在车控室 SC 上远程操作唤醒 TVM，使其处于正常运营服务状态.必要时，还可以手动开启 TVM，具体操作流程为：打开 TVM 维修门—开启断路器—开启 UPS 开关—开启直流电源开关—开启工控机开关—操作完成。

四、运营前 BOM 的作业流程

BOM 班前准备中的大部分操作由客运值班员和售票员在 AFC 室 SC 操作完成，剩下的准备工作由售票员在站厅客服中心售票处完成。

1. 售票员领取备用金和车票、发票

运营开始前，客运值班员要为早班售票员配票、备零、配备发票等，同时将相关信息正确录入票务系统班次管理中，向 BOM 录入配备用金、配票数据，清点规定数量的备用金和各种车票，双方需清点确认，并在《车站售票员配发、回收票款单》上签字确认。

2. 领取票亭钥匙

售票员到客运值班员处领取钥匙，包括大门钥匙、BOM 机、闸机、专用通道钥匙各 1 把，以及与 BOM 机套用的钱箱钥匙和抽屉钥匙各 1 把（车控室保留备用一套）。

3. 开启 BOM 设备

售票员在首班载客列车到达本站前 15 分钟在客服中心售票处做好准备工作，检查对讲设备、乘客求助按钮是否能正常使用，检查票务设备、备品如验钞机、分钞机和发票的状态和数量，检查票务处卫生、立柱的摆设，检查票务处有无来历不明的现金、车票，如有问题应马上报告值班站长或值班员。同时，利用硬币点币盘点好规定数额的硬币，方便找零兑零，连同车票报表放置在乘客接触不到的位置。

某些地铁车站 BOM 采用自动出票装置，其单程票出售模块与 TVM 相同，加票过程也一致，采用人工读卡器售卖车票的 BOM 只需将车票按类别在指定位置码放整齐即可。

售票员使用自己的员工号、密码登录开启 BOM 设备，准备售票。在 BOM 可以查询当前班分配票卡和现金状态，还可以查询到半自动售票机出售单程票的数量信息等。

五、运营前 AG、TCM 操作

运营开始前，车站工作人员开启 AG、TCM 电源，站厅巡视岗巡视设备是否进入正常工作模式。

➢ 任务实施

请根据下面的任务安排完成实训任务。

1. 人员安排：值班站长、客运值班员、行车值班员、站务员若干。

2. 操作设备及备品准备：SC系统、AFC终端设备、票务钥匙、相关台账记录本和发票、SC系统、AFC终端设备、（TVM机、BOM机、出站闸机）共用票箱、TVM机的钱箱、BOM机配套用钱箱、售票员用手提金库、点钞机、验钞机、电子秤、硬币清分机、手推车。

3. 情景要求：运营前的工作准备。

4. 任务要求：情景模拟运营前的准备工作：

（1）开站工作。

（2）运营前SC准备作业。

（3）运营前BOM准备作业。

（4）运营前TVM准备作业。

➢ 评价考核

评价表4.1

<table>
<tr><td>项目名称</td><td></td><td>学生姓名</td><td></td></tr>
<tr><td>任务名称</td><td></td><td>总成绩</td><td></td></tr>
<tr><td colspan="2">评价项目</td><td colspan="2">评价等级</td></tr>
<tr><td>学习目标</td><td>评价内容</td><td>小组评价
（A/B/C/D/E）</td><td>教师评价
（A/B/C/D/E）</td></tr>
<tr><td rowspan="4">知识目标</td><td>掌握开站的作业程序</td><td></td><td></td></tr>
<tr><td>掌握运营前SC的作业流程</td><td></td><td></td></tr>
<tr><td>掌握运营前的TVM作业流程</td><td></td><td></td></tr>
<tr><td>掌握运营前BOM相关作业准备</td><td></td><td></td></tr>
<tr><td rowspan="4">能力目标</td><td>能够完成开站的作业过程</td><td></td><td></td></tr>
<tr><td>能够完成运营前SC的相关作业</td><td></td><td></td></tr>
<tr><td>能够完成运营前的TVM相关作业</td><td></td><td></td></tr>
<tr><td>能够完成运营前BOM相关作业</td><td></td><td></td></tr>
<tr><td rowspan="3">素质目标</td><td>积极的学习态度</td><td></td><td></td></tr>
<tr><td>任务完成过程中和同学或教师进行充分的交流沟通</td><td></td><td></td></tr>
<tr><td>任务完成过程中的团队协作精神</td><td></td><td></td></tr>
<tr><td>教师评语</td><td colspan="3">

教师签名：</td></tr>
</table>

任务 2　运营过程中的票务作业

➢ 任务要求

1. 掌握运营过程中 SC 的相关作业。
2. 掌握运营过程中 TVM 相关作业。
3. 掌握运营过程中 BOM 相关作业。
4. 掌握运营过程中 AG、TCM 相关作业。

动画–票务作业流程

➢ 知识准备

运营过程中，值班员须监控 SC，及时根据 TVM、AGDE 提示安排人员补币补票。站厅巡视岗在站厅巡视 TVM、AG、TCM 的工作情况，指导乘客正确使用设备。如有乘客不能正常进出闸机，应及时引导至票务处，由售票员完成解答、问询及根据票务规章处理一切与车票有关的乘客行政事务。

一、运营中 SC 相关作业

在运营过程中，值班员和客运值班员要监控 SC，实时监控车站各种设备的运行状态，跟踪掌握 AFC 设备运转情况，当设备出现故障或报警状态时，值班员应及时确认报警（或故障）的设备号和报警（或故障）的原因，根据不同原因安排处理。在监控界面中，一旦设备出现故障，将在报警窗口中弹出信息。比较常见的报警信息有：TVM 钱箱将满、票箱将空、出闸机票箱将满等，需要及时安排人员进行更换。BOM 售票员所收票款超过限额，也应安排预收款，并填写相关记录。

二、运营过程中 TVM 相关作业

在运营过程中，TVM 操作主要包括：乘客正常购票，更换将满的钱箱、将空的票箱，对卡币卡票、发售无效票等故障情况的处理。一般情况下，乘客自助购买单程票，给储值票充值，站厅巡视岗的主要工作就是指导乘客使用 TVM 购票，建议在指导过程中一般不要接受乘客的现金或者票，以免引起不必要的纠纷。

1. TVM 钱箱的更换和清点作业

（1）更换钱箱的时间。

① 通过 SC 查询 TVM 钱箱将满时。

② 运营期间，在 TVM 乘客显示屏显示钱箱将满的故障代码时。

③ 结合本站具体情况制定固定时间。

④ 运营结束后，需尽快完成钱箱清空清点相关工作。

（2）更换钱箱的注意事项。

① TVM 的钱箱分为纸币钱箱和硬币钱箱，由客运值班员负责更换。更换纸币钱箱、硬币钱箱的操作由客运值班员和值班站长共同完成。

② 客运值班员负责具体操作，值班站长负责协助、监督和安全保护。

③ 各站必须结合本站具体情况制定更换钱箱的作业线路。

④ 更换纸币钱箱、硬币钱箱时确认乘客完成操作并设置暂停服务牌。打开自动售票机维修门时必须输入操作用户名和密码，登录成功后选择相对应的操作选项（具体操作请参照项目 3 相关内容）。

⑤ 更换钱箱完毕后，锁闭维修门，应先确认 TVM 已恢复正常服务，再立即将钱箱送返车站 AFC 票务室进行清点，同时须收好设备打印单据，以备对账时使用。

（3）钱箱的清点。

① 钱箱清点工作由当班客运值班员和值班站长双人负责，值班站长负责监督，客运值班员负责清点。

② 进行钱箱内现金的清点作业时，必须在指定的视频监控范围内进行，纸币钱箱与硬币钱箱需分开并逐一进行清点。

③ 在清点过程中若发现钱款有明显的失真特征或可通过验钞机识别为伪钞的，值班站长确认后做好记录，与客运值班员双方签字确认加封。

④ 清点结果由客运值班员负责填写相关台账，运营时间内更换钱箱，在《车站 TVM 加票、回收、清点记录表》上进行如实登记，值班站长负责签认。

⑤ 运营结束后回收所有钱箱，现金清点结果应登记在《车站 TVM 加票、回收、清点记录表》的“实点金额”栏中，同时认真核对设备打印的 TVM 结算单与实际清点的现金数量是否一致，由客运值班员和值班站长双人进行签字确认。

⑥ 发生钱箱清点票款与设备打印结算单不符时：通过调取录像资料若可以证明清点钱箱的全程操作是在规定的监控范围内，且经检查自动售票机未存在异常，则损失由公司承担。若不能证明清点钱箱的全程操作是在规定的监控范围内，则损失由点钞者个人承担。若可以证明清点钱箱的全程操作是在规定的监控范围内，经检查自动售票机存在异常，则由相关部门进行妥善处理。

⑦ 次日，由当班的客运值班员负责将全部票款一并交解行车站的票务员。从封存票款至送至解行车站票务室途中，由送报的客运值班员负责票款的安全保管。

2. TVM 的补币作业

（1）补币时间。

① 每天运营开始前 1 小时。

② 运营期间，当 SC 上 TVM 设备状态显示找零钱箱将空。

③ 运营期间，在 TVM 显示器上显示“找零不足”相关信息时。

④ 车站根据具体情况需求。

（2）为 TVM 补币的注意事项。

① 车站将用于补充找零的一元硬币清点到补币箱，补币箱不足时可用钱袋代替。运营期间每天 TVM 的补币数量可根据客流情况确定，但必须为 100 的整倍数。纸币模块故障或未投入使用时，可选择补如 10 的整倍数。

② 用于补币的硬币必须在票务室的摄像监控状态下由客运值班员和值班站长双人共同清点和加封。在清点过程中，每台 TVM 的补币清点数量必须在点钞室监控系统下进行读数。

③ 由票务员和值班站长共同负责硬币补币工作。补币的具体操作按（项目 3 设备操作要求进行）。

3. TVM 补票的作业

（1）补票时间。

① 每天车站运营前 1 小时。

② 运营期间，在 SC 上查询 TVM 售票情况，判断票箱将空时。

③ 运营期间，在 TVM 的显示屏上显示“车票不足”相关信息时。

④ 车站根据时间情况需要时。

（2）补票的注意事项。

① TVM 的补票工作由客运值班员与另一名站务员共同负责。

② 补票的其他注意事项同补币过程。

三、运营过程中 BOM 相关作业

在运营过程中，BOM 处理一切与车票有关的乘客事务，包括售票、充值、退票、验票、更新车票等。

1. 售　票

首班载客列车到达前 10 分钟至最后一列载客列车开出前 5 分钟为售票时间。售票前必须使用自己的账号和密码登录。

售票时必须遵守“一收、二唱、三操作、四找赎”（具体见表 4.1）。“一收”指收取乘客票款；“二唱”指讲出票款金额，重复乘客要求的购票张数和车票类型；“三操作”指检验钞

表 4.1　售票的作业规范

步　骤	作业内容	操作规范
一　收	收取乘客购票的票款	收取票款：面带微笑，面向乘客，向乘客问好“您好”，接过乘客的票款
二　唱	说明票款金额，重复乘客要求的购票张数和车票类型，如未听清楚客人要求，应主动礼貌地询问	唱票：告诉乘客“收您××元”，通过验钞机和人工确认钱币真伪，把钱放在桌面上
三操作	正确迅速的操作 BOM （1）检验，钞票真伪，如为伪钞则要求乘客另换钞票。 （2）在 BOM 上选择相应功能建设卡或充值请乘客确认。	售卡操作：操作完毕后五指合拢，手掌指向乘客显示器请乘客确认，告知乘客：余值××元，请确认
		充值操作：操作完毕后五指合拢，手掌指向乘客显示器请乘客确认充值余额，告诉乘客：充值××元，请确认
四找赎	清楚说明找赎金额和车票张数，将车票和找赎的零钱一起礼貌的交给乘客	找赎：按乘客需求把大钞兑换成零钞，交予乘客，告诉乘客：找您××元，请确认。与乘客礼貌告别，“请慢走”

票真伪，在半自动售票机 BOM 上选择相应功能，处理或出售车票；“四找赎”指清楚讲出找零的金额和返还给乘客的车票张数，将找零和车票一起交给乘客。车票在交给乘客之前，必须使用半自动售票机进行分析，请乘客通过乘客显示屏或打印单据确认车票有效性。

售票不接受外币和支票。车票、备用金不足时，售票员必须及时通知客运值班员，要求补充，并在《车站售票员配发、回收票款单》等相关台账上注明，并及时录入票务系统，做好交接工作。

2. 顶岗操作

运营过程中售票员若要离开票亭（上洗手间、吃饭等），须通知客运值班员（或值班站长）并退出 BOM 操作界面，若保证票亭在自己视线范围内，可不注销但必须锁定 BOM，并随时监视票亭情况，否则必须注销。

需要有人顶岗时，不允许售票员间借用车票、现金。值班站长根据情况安排人员顶班。需要机动售票员或值班站长顶班的，顶班交接时双方各自在 BOM 设备上退出及登录自己的操作号和密码，严禁信用交接使用他人的操作号进行售票。售票员必须将本班所有现金、车票、报表放入上锁的售票盒中。顶班售票员顶班结束后退出登录系统，带齐自己的物品回票务室与客运值班员（或值班站长）进行结算。

整个售票过程中售票员误收假币时，原则上由售票员自负。TVM 收到假币或异币，应及时上报票务管理室，并向设备部门报修。

3 预收票款和追加票卡、备用金

BOM 售票员所收票款超过限额，应安排预收款。客运值班员向售票员收取预收款时，应当面清点所收款项，手工填写《预收票款确认单》一式两联，双方签名确认，售票员保留一联，并录入票务系统中。

当 BOM 出现备用金和车票不够的情况时，客运值班员要为售票员追加找零备用金或补充车票，在这个过程中要将相关信息正确录入票务系统，双方需清点确认，并填写《车站售票员配发、回收票款单》一式两联，将第二联作为配发凭证交给客运值班员保管。

四、运营过程中 AG、TCM 相关作业

运营过程中 AG 的操作主要有站厅巡视岗指导乘客正常进出闸机。当闸机（AG）给出票箱将满时，向 SC 发出更换请求，或车站库存车票不足，需更换 AG 票箱。由客运值班员安排胜任员工更换，需组织双人记录每个票箱的机读数并清点实数，录入票务系统中，填写手工报表《车站闸机回收车票记录表》。

如果出现不能正常进出闸机的情况，厅巡人员应及时引导乘客至票务处（客服中心）进行相关处理。如果厅巡人员发现 TCM 不能正常工作，应报告客运值班员，联系 AFC 维修人员检修。

五、运营过程中乘客事务的处理

乘客事务是指乘客在乘坐轨道交通工具的过程中，持票无法正常进出闸，或因乘客或其

他特殊原因导致车站 BOM、TVM 或闸机在提供服务过程中单个设备故障而引起的事务处理。常见的乘客事务主要有车票超程、车票超时、无效票、进出站次序错误、卡币卡票和充值不成功等。

（1）乘客持单程票无法正常进出闸时，售票员应依据乘客所处的位置和车票分析结果作相应处理，见表 4.2。

表 4.2　单程票无法进出闸机的处理

车票分析结果	非付费区	付费区
进出次序错误	若该票显示可以更新，则更新车票； 若无法更新，则回收单程票，向乘客说明原因，请乘客重新购票乘车	若该车票显示可以更新，则询问乘客进站车站，输入进站码并根据 BOM 显示收费金额收取费用后更新，乘客持票出站
车票过期	若车票显示售票时间非当日，向乘客说明原因，并请乘客重新购票	向乘客说明原因，回收车票，按本站线网最高票价给乘客发售付费出站票出站
车票超时/超程		向乘客收取超时/超程补款后更新车票，乘客持票出站
车票无效	若车票人为折损，回收车票，请乘客重新购票乘车；若为 TVM 发售无效票，回收车票，按规定办理《乘客事务处理单》，给乘客发售一张等值普通单程票	查看是否人为折损，如是，则回收车票，按照本站线网最高票价给乘客发售付费出站票；否则回收车票，按规定办理《乘客事务处理单》，给乘客发售免费出站票出站

（2）乘客持储值票无法正常进出闸机时，按表 4.3 操作处理。

表 4.3　储值票无法进出闸机的处理

车票分析结果	非付费区	付费区
进出次序错误	若该票显示更新收费，则收取乘客相应更新费用进行更新。 若显示更新收费为“0”，则直接更新车票	询问乘客进站车站，输入进站码更新，乘客持票出站
车票过期	请乘客前往客服中心办理续用手续	请乘客前往客服中心办理续用手续，收取乘客本站线网最高票价
车票余额不足或超程	储值卡：车票余额不足时，若乘客愿意充值，则收取充值金额，乘客充值后持票进站；否则请乘客购单程票进站乘车	车票超程时，若乘客愿意充值，则收取充值金额，乘客充值后持票出站；否则向乘客收取本次车程费后，清除本次入站记录，发售单程票，乘客持单程票出闸
车票超时		车票显示进站日期是否为当天，如是，则向乘客收取超时补款后更新车票，乘客持票出站；否则先转到非付费区模式，在卡内扣除更新费用后更新车票，再转回付费区模式，询问乘客进站车站，输入进站码更新，乘客持票出站

续表

车票分析结果	非付费区	付费区
车票无效	请乘客前往客服中心处理票卡。如乘客急于进站，请乘客购买单程票	分析车票： 1. BOM能读出卡内信息，但无法处理 1）若车票显示为未进站，询问乘客进站车站，向乘客收取本次车程费（按照票种折扣收取现金），填写《乘客事务处理单》，发免费出站票出站； 2）若车票信息为非当日已进站信息，BOM发售本站线网最高票价的单程票，乘客持票出站； 3）若车票信息为已进站票且上次使用日期是当天，显示时间点未超时，向乘客收取本次车程费（按照票种折扣收取现金）； 2. BOM不能读出卡内信息，无法处理 若车票无法分析，向乘客发售本站线网最高票价；请乘客去客服中心处理票卡

（3）自动售票机卡币卡票或找零不足的处理

① 自动售票机卡币。

自动售票机卡币主要指乘客在自动售票机上投币购票时，因自动售票机自身原因或乘客所投纸币（硬币）边缘变形、胶带物等原因，导致纸币（硬币）被卡在自动售票机的某个部位，且自动售票机不再接受纸币（硬币）的情况。

当乘客反映自动售票机卡币时，值班员首先要检查自动售票机投币口是否有纸币（硬币）堵塞或显示屏是否显示卡币故障代码，确认是否发生卡币情况，如显示屏显示卡币故障代码，则应按车站规定办理乘客事务处理单，对卡币的乘客以多退少补的原则给乘客发售相应面值的车票，同时报专业维修员进行处理；如检查投币口无纸币（硬币）堵塞，显示屏未显示卡币故障代码，则由值班员与另一车站员工共同维修门，查看自动售票机打开自动售票机的最近交易记录，并根据查询情况进行处理。若自动售票机显示正常且没有与乘客反映购票情况一致的交易记录，则表示没有卡币情况发生，由值班员负责向乘客做好解释工作。

② 自动售票机卡票。

自动售票机卡票主要是指自动售票机在给乘客发售单程票的过程中，因自动售票机自身原因或单程票边缘变形、变厚等原因，导致单程票被卡在自动售票机的某个部位，且自动售票机自动进入“暂停服务”模式的情况。

当乘客反映卡票时，值班员首先查看显示屏是否显示卡票故障代码，确认是否发生卡票情况。如显示屏显示卡票故障代码，则应该车站规定办理乘客事务处理单，并在半自动售票机按乘客需求重新发售一张车票或者办理退票手续，同时办专业维修员进行处理；如显示屏未显示卡票故障代码，则由值班员与另一车站员工共同打开自动售票机维修门，查看售票机的最近交易记录，并根据查询情况进行处理。若自动售票机显示正常且没有与乘客反映购票一致的交易记录，则表示没有卡票情况发生，由值班员负责向乘客做好解释工作。

③ 自动售票机找零不足。

自动售票机找零不足是指当乘客投入自动售票机的现金金额大于实际购票金额以，因自动售票机自身原因或找零硬币边缘变形、黏有胶带物等原因，导致找零硬币被卡在自动售票机的某个部位，自动售票机停止找零，造成乘客找零金额不够的情况。

当乘客反映自动售票机找零不足时，值班员首先检查自动售票机显示屏是否显示找零不足故障代码，确认是否发生找零不足的情况，如自动售票机显示屏有显示找零不足故障代码时，则填写乘客事务处理单，注明找零不足的处理情况在半自动售票机上给乘客退还相应款额，同时报专业维修人员进行处理，如自动售票机显示屏没有显示找零不足故障代码时，则询问乘客购票情况，由值班员和另一名车站员工共同打开自动售票机维修门，查看自动售票机的最近交易记录，确认是否与乘客反映的购票情况一致，若情况一致则填写乘客事务处理单，注明找零不足的处理情况，在半自动售票机上给乘客退还相应款额，同时报专业维修人员进行处理；若自动售票机显示正常，且没有与乘客反映购票情况一致的交易记录，则没有发生找零不足，由值班员负责向乘客做好解释工作。

（4）闸机误用、吞票的处理。

① 闸机被误用时的处理。

乘客反映闸机被误用时，对持普通单程票的乘客按规定办理《乘客事务处理单》后给乘客发售免费出站票；对持储值票的乘客，若 BOM 分析显示车票刚从本站出站，则按规定办理《乘客事务处理单》后给乘客发售免费出站票出站。

② 乘客反映出闸机吞票的处理。

由车站人员询问乘客出闸情况，确认乘客出闸闸机确实处于暂停服务状态或出闸机显示正常但投票口确有卡票现象，则按规定填写《乘客事务处理单》，给乘客发售一张免费出站票。同时报 AFC 维修人员处理。若闸机显示正常且能接受车票时则向乘客解释说明，按本站线网最高票价为乘客发售付费出站票。

（5）自动售票机充值不成功的处理。

充值不成功是指乘客在自动售票机上投币充值时，因自动售票机自身原因或其他原因，导致自动售票机收取乘客投入的充值金额后并不能充进票卡余额（未将充值金额信息写入票卡）的情况。

当乘客反映自动售票机充值不成功，值班员与值班站长共同打开自动售票机维修门，查看最近交易记录，确认是否有乘客反映一致的充值交易记录，若没有乘客反映一致的充值交易记录则应立即通知专业维修人员到现场处理，确认自动售票机是否发生已收款，但充值不成功的情况，车站值班员根据维修人员判断结果进行乘客事务处理，若有与乘客反映相符的充值交易记录，在半自动售票机上分析车票根据查询情况，核实是否确有发生自动售票机已收款但充值不成功的情况。

若半自动售票机分析车票显示已成功充值，则请乘客通过显示屏确认车票成功充值，并确认车票充值前后余额做好解释工作后将票款交还乘客。

若半自动售票机分析车票余额及历史交易记录均显示没有该次充值，则表示自动售票机确实发生已收款单充值不成功的情况，车站值班员按规定应办理乘客事务处理单，注明充值不成功的处理情况并根据乘客需要在半自动售票机上给乘客办理等额充值或退还给乘客充值余额。

六、运营过程中的备品管理

城市轨道交通车站票务工作所需的备品种类繁多，需要专人看管。所有的票务备品应适用且满足票务工作的需要。备品的管理实行车站负责制，责任到人，备品的申领和使用需要做好登记并及时归还。

1. 票务备品的种类

票务备品主要包括：各种票务钥匙、钱箱（含 TVM 的纸币钱箱和硬币钱箱、补币箱）、票盒、废票回收箱、手提金库、点钞机、验钞机、点钞机、点卡机、票柜、保险柜、票务手推车等用于车站票务运作的工器具。所有的票务备品应适用且满足票务工作的需要。

运营过程中主要涉及的票务备品包括：保险柜、票卡分类管理柜、（TVM 机、BOM 机、出站闸机）共用票箱、TVM 机的钱箱、BOM 机配套用钱箱、售票员用手提金库、点钞机、验钞机、电子秤、硬币清分机、手推车、数卡器、手持验卡机、窗口验票机等。

2. 票务备品的管理

（1）票务备品由车站当班票务员全权负责保管。

（2）车站需设置台账记录备品的数量和状态。备品须在《车站票务交接班登记表》上反映增减情况，并在备品台账中作相应记录。

（3）车站爱护票务备品，在使用备品过程中需注意保持备品的清洁，各类备品整齐摆放，轻拿轻放，不要踩踏倚坐、在地上拖行，注意避免备品各种情况的受损。

（4）票务备品的盘点：车站应根据车站物资材料管理规定对票务备品定期盘点。

（5）票务备品在正常使用情况下的损坏由中心站负责按规定报告主管部门进行维修或以旧换新；人为损坏一律照价赔偿。

➢ 任务实施

请根据下面的任务安排完成实训任务。

1. 人员安排：值班站长、客运值班员、行车值班员、站务员若干、乘客若干。

2. 操作设备及备品准备：SC 系统、AFC 终端设备、（TVM 机、BOM 机、出站闸机）共用票箱、TVM 机的钱箱、BOM 机配套用钱箱、售票员用手提金库、点钞机、验钞机、电子秤、硬币清分机、手推车、相关台账记录本和发票。

3. 情景要求：运营过程中的工作情景。

4. 任务要求：情景模拟运营过程中以下工作过程：

（1）运营过程中 SC 的监控作业。

（2）运营运营过程中的 TVM 钱箱的更换和补币补票的工作。

（3）运营运营过程中的 BOM 售票作业、储值票充值作业。

运营过程中一乘客车票出现无法读取的情况，需进行相关处理。

运营过程中一乘客车在使用 TVM 自助购票时投入 50 元现金，但是没有出现车票和找零的情况，需进行相关处理。

（4）运营运营过程中的 AG 的票箱更换作业。

➢ 评价考核

评价表 4.2

项目名称		学生姓名	
任务名称		总成绩	
评价项目		评价等级	
学习目标	评价内容	小组评价（A/B/C/D/E）	教师评价（A/B/C/D/E）
知识目标	掌握运营过程中 SC 的作业		
	掌握运营过程中的 TVM 作业		
	掌握运营过程中 BOM 相关作业		
	掌握运营过程中 AG 相关作业		
	掌握票务备品的领用过程和管理规定		
能力目标	能够完成运营过程中 SC 的作业		
	能够完成运营过程中的 TVM 作业		
	能够完成运营过程中 BOM 相关作业		
	能够完成运营过程中 AG 相关作业		
	能够按照规定领用票务备品		
素质目标	积极的学习态度		
	任务完成过程中和同学或教师进行充分的交流沟通		
	任务完成过程中的团队协作精神		
教师评语	教师签名：		

任务 3　交接班时的票务工作

➢ 任务要求

1. 掌握值班站长工作交接内容和流程。

2. 掌握客运值班员工作交接内容和流程。
3. 掌握售票员工作交接内容和流程。

➤ 知识准备

一、值班站长工作交接

（1）交接班终端设备运转情况。
（2）交接本岗位保管的钥匙。
（3）交接传达上级指示命令及本班未尽事宜。
（4）监督各岗位做好交接，确认本班所有岗位作业已结束。

二、客运值班员工作交接

接班票务员应依据《车站票务交接班登记表》上的记录当面清点保险柜中的现金、车票，交接各类车站手工报表、AFC票务钥匙及其他票务备品。交、接班票务员双方共同填写《车站票务交接班登记表》。

1. 现金交接

接班客运值班员应根据《车站票务交接班登记表》上的记录，在监控范围内与交班客运值班员当面清点车站票务管理室内所有现金，核对封包数量及金额等，确认无误后进行签收。

客运值班员交接班或打包返纳，发现交接现金金额与《车站票务交接班登记表》不一致时，应立即通知值班站长到现场，共同对车站票款、备用金进行清点。若实点金额比报表金额小，经调查属实，则由交班人员补缴相应差额，交班双方在《车站票务交接班登记表》和《车票营收日报表》上做好记录说明；若实点金额比报表金额大，则多出金额计入《车站营收日报表》的“客运交接长款”栏，由接班人计入营收，交接双方在《车站票务交接班登记表》和《车站营收日报表》上做好记录，并由值班站长确认，及时上报站长。

2. 车票交接

接班客运值班员应根据《车站票务交接班登记表》上的记录与交班客运值班员当面清点车站票务管理室内所有车票的数量以及编号、当日的车票上交单、车票配送单，确认无误后进行签收。交班时若发现车票数量或信息有误，及时报当班值班站长，当班值班站长到车站票务管理室确认，按实际数量进行签收。车站由接班客运值班员在《车站票务交接班登记表》和《车站售、存票日报》记录相关情况，交班客运值班员、接班客运值班员和当班值班站长三方签字确认，并将情况立即上报上级管理部门，管理部门应及时组织调查并将调查情况进行反馈。

3. 钥匙交接

未加封的票务钥匙应逐条当面清点钥匙种类、数量，已封并未破封的按加封数清点，确认无误后双方办理交接手续。出现不符时，需及时报当班值班站长，车站应及时组织调查并上报分部，同时在《票务钥匙使用记录表》记录相关情况，已加封或破封的钥匙开封发现有误时，使用人应及时报当班值班站长到场确认。车站及时组织调查，并上报站务分部，同时在《票务钥匙使用记录表》上记录相关情况。

4. 备品及其他方面交接。

（1）票务备品包括：钱箱、票箱、库包、点钞机、验钞机、保险柜、票柜、配票箱、车票回收箱、手推车、点币机、补币箱、纸币清分机、扎钞机、点票机、售票盒、硬币盘等。交班时，查看数量及性能良好，定位摆放。

（2）交接台账、报表填写情况；交接票务最新通知及文件；交接票务方面未完事宜。

（3）特殊工作卡当面交接，在《特殊工作卡使用登记表》《客运值班员交接簿》上做好交接记录。

三、售票员工作交接

（1）交接班时，交接班售票员将“暂停服务”牌摆在乘客对讲窗口；期间如发生乘客事务，应请乘客稍等，或引导乘客去另一客服窗口。

（2）交班售票员整理好报表、单据（装入信封）、问题车票（单独装入信封）、收齐现金装入票盒，退出 BOM 并将售票盒上锁，确定 BOM 钱箱内无遗留硬纸币现金。

（3）到票务管理室与客运值班员共同清点票款。客运值班员与售票员在监控范围内当面清点所收款项后，以实点数填写《客运值班员交接班簿》，双人签章确认，现金交由客运值班员保管。完成后在票务管理子系统“售票员上交票款”模块录入交接数据。

（4）客运值班员与交班售票员双方当面确认收齐所有现金、单据、报表、问题车票，并填写相关报表。

（5）客运值班员与售票员交接备用金时，双方应当面清点确认后，在《客运值班员交接班簿》上注明配备用金金额，双人盖章确认。然后，在票务管理子系统对应模块录入交接数据。

（6）交接班售票员根据《车站 BOM 操作交接记录表》逐一交接，确认无误后双方在《车站 BOM 操作交接记录表》“交班人”及“接班人”处签字。

➢ 任务实施

请根据下面的任务安排完成实训任务。

1. 人员安排：值班站长、客运值班员、行车值班员、站务员若干。

2. 操作设备及备品准备：SC 系统、AFC 终端设备、（TVM 机、BOM 机、出站闸机）共用票箱、TVM 机的钱箱、BOM 机配套用钱箱、售票员用手提金库、点钞机、验钞机、电子秤、硬币清分机、手推车、相关台账记录本和发票等。

3. 情景要求：运营交接班的工作情景。

4. 任务要求：情景模拟运营过程中以下工作过程：

（1）值班站长的交接工作。

（2）客运值班员的交接工作。

（3）值售票员的交接工作。

> 评价考核

评价 4.3

项目名称		学生姓名	
任务名称		总成绩	
评价项目		评价等级	
学习目标	评价内容	小组评价（A/B/C/D/E）	教师评价（A/B/C/D/E）
知识目标	掌握值班站长的交接工作流程和内容		
	掌握客运值班员的交接工作流程和内容		
	掌握售票员的交接工作流程和内容		
能力目标	能够完成值班站长的交接工作		
	能够完成客运值班员的交接工作		
	能够完成售票员的交接工作		
素质目标	积极的学习态度		
	任务完成过程中和同学或教师进行充分的交流沟通		
	任务完成过程中的团队协作精神		
教师评语	教师签名：		

任务 4　运营结束后的票务作业

一、运营后 SC 相关工作

运营结束后，值班站长监督并协助客运值班员进行自动机具票箱、钱箱及其他票、款的清点工作，并监督客运值班员封存当日的全部票款。同时核对报表及台账，帮助客运值班员做好次日运营准备。

所有作业均已完成后指挥行车值班员通过 AFC 车站计算机系统（SC）关闭车站终端设备，结束本站全天服务。

二、运营结束后 TVM 相关工作

运营后 TVM 操作主要包括回收清点纸币回收箱、硬币回收箱和票箱，TVM 售票数据在回收、清点过程中自动计入 AFC 系统，同时客运值班员需填写《车站 TVM 加票、回收、清点记录表》，保证系统数据、报表数据和实际清点金额相一致。

回收 TVM 的票箱和钱箱的过程由客运值班员和具有票务权限的员工共同完成，回收 TVM 的票箱和钱箱并记录机读数。回收时注意票、款的安全。回收后清点实数，清点票、款必须在票务室摄像监控下开箱、清点。严禁在摄像监控外打开纸币、硬币回收箱。填写《车站 TVM 加票、回收、清点记录表》，并录入票务系统，将闸机废票录入票务系统中。

三、运营结束后 BOM 相关工作

售票员应在本站最后一列车到站前 3 分钟停止 BOM 售票作业，以免发生购票乘客不能上车的问题。

当班售票员确认数据上传完毕后，退出 BOM 登录系统。售票员查看票务处（客服中心）是否还有遗留闸机废票未回收，BOM 机是否按规定已关闭，票亭门窗是否关好。

售票员清理结束后，立即携带本班所有的现金、车票（包括废票箱内回收的车票）及各类报表回票务管理室。售票员与客运值班员在监控范围内共同清点现金、各票种车票，自行清点后填写《车站售票员配发、回收票款单》并完成相关报表和台账的填写。

客运值班员需核对售票员交回的《车站售票员配发、回收票款单》与票务系统中“售票员配票款”是否一致，有无录入错误或是未录入的事项。客运值班员清点售票员下班上交的各种车票的张数、票款、备用金。清点无误后，双方确认，由客运值班员将数据录入到票务系统或填写到相关报表台账中，同时检查售票员当班的所有报表是否全部交回且填写正确、完整。结算后填写《车站营收日报》。

四、运营结束后 AG、TCM 相关工作

运营结束后，确保闸机内车票不超过各站规定范围，当某一闸机票箱数量超过规定范围时，此票箱必须收回，按照更换票箱的程序办理，TCM 及其他票务设备关闭。

五、票款收缴作业

车站票款主要有自动售票机售票收入、充值收入，半自动售票机售票和充值收入，临时售票处售票收入等。车站的票款和备用金要分区管理。对于车站的票款收入，要求每日运营结束后进行清点、登记、系统录入、封装和解行。

1. 票款封装

车站当日要解行的票款由值班员一人在监视状态下清点，清点完毕由车站值班站长复核并确认金额后，由值班员填写现金交款单，注明交款金额、企业账户等信息，与票款一起装入尾箱，并由两人共同加封尾箱。

2. 票款解行

票款解行是指车站与银行之间的票款交接，即车站将票款收益存在银行的专用账户的过程。票款收入一般要求每日按时解行，尽可能不在车站过夜保管，解行方式由轨道交通企业视情况而定。

（1）解行方式。

解行方式一般有直接解行和打包返纳两种。

直接解行是指车站清点票款，并由车站人员将票款送到银行，银行工作人员与交款人员当面清点票款，并当即返还现金送款单的结款方式。这种方式适用于有驻站银行的车站。

打包返纳是指由银行或者专门的押运公司到车站收取票款运送到银行，银行工作人员按规定清点票款后于次日返还现金送款单，最终确认送行金额的解行方式。这种方式适用于距离银行较远的车站。

（2）解行的操作流程。

票款解行的操作流程是：车站当日要解行的票款由值班员一人在监视状态下清点，清点完毕由车站值班站长复核并确认金额后，由值班员填写现金交款单，注明交款金额、企业账户等信息，与加封好的票款一起送交银行，银行在清点完收到的票款并确认无误后存入指定账户。

当银行在清点车站解行的票款过程中，发现长款短款和假钞（假钞按短款处理）时，按实际清点金额入账，并将差错情况反馈给相关车站，车站组织调查处理。车站票款解行的流程如图 4.1 所示。

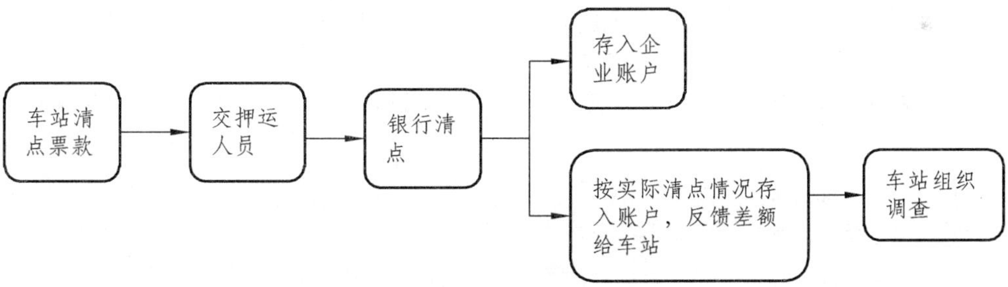

图 4.1　车站票款解行的流程

六、假币、机币、残币的处理

车站工作人员应认真学习中国人民银行发布的各版本人民币真伪的识别方法。

残币是指票面撕裂、缺损，或因自然磨损、侵蚀，外观、质地受损，颜色变化，图案不清晰，防伪特征受损，不宜再继续流通使用的人民币。

机币是指在 TVM 以外的专用设备上使用的代币，主要指游戏机币、电话机币，在形状、大小等方面与人民币硬币很相似。

假币，是指伪造、变污的人民币。

1. 车站收到假币、机币、残币的处理原则

当车站收到假币、机币、残币时，遵循谁收取谁补还的原则处理，若员工收取的现金中

有假币、机币、残币时一律由收款人自负，并及时补足票款。一般情况下，当出现错款时，人工作业遵循“短款自负、长款上交”的处理原则。

在进行票款清点、打包、结账时，如果售票员发现钱款有明显的失真特征，通过验钞机识别确定钱款为为假钞，由客运值班员和以上级别人员共同确认由该售票员当场补足票款，该情况属于工作失误。

银行点收票款时发现伪钞，由相关票款的封装人员负责补足票款，该情况属于工作失误。

若设备和验钞机误辨别伪钞，由当事人及值班站长立即封装假钞同时报主管部门处理。

2. 鉴别真假币的方法

（1）传统的真假币的鉴别方法。

识别人民币纸币真伪，通常采用“一看、二摸、三听、四测”的方法。

①“一看”：

第一看水印。

图 4.2　第五套人民币 100 元和 50 元人像水印

图 4.3　第五套人民币 20 元花卉水印

图 4.4　第五套人民币 10 元花卉水印

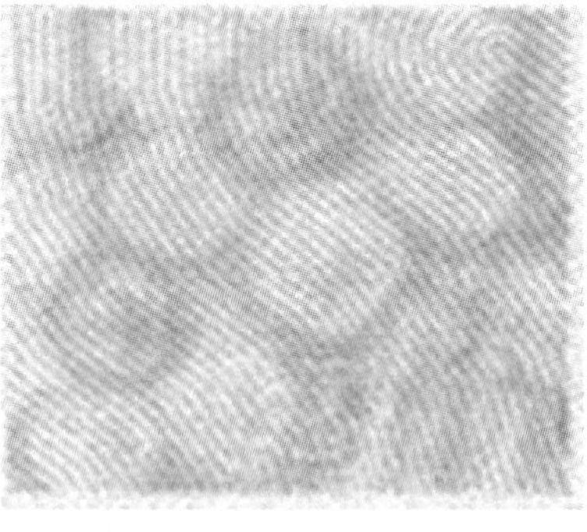

图 4.5　第五套人民币 5 元花卉水印

第五套人民币各券别纸币的固定水印位于各券别纸币票面正面左侧的空白处，迎光透视，可以看到立体感很强的水印。100 元、50 元纸币的固定水印为毛泽东头像图案。20 元、10 元、5 元纸币的固定水印为花卉图案。

第二看安全线。

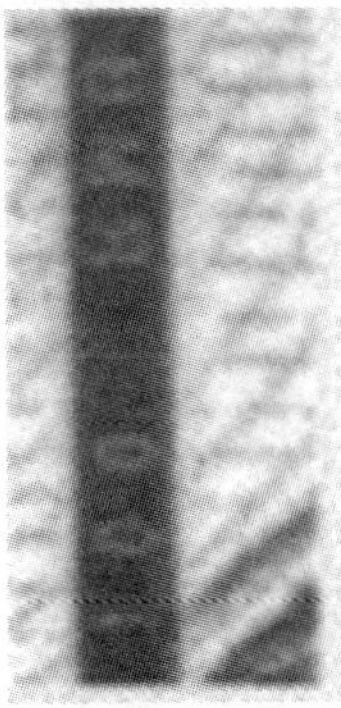

图 4.6　100 元安全线

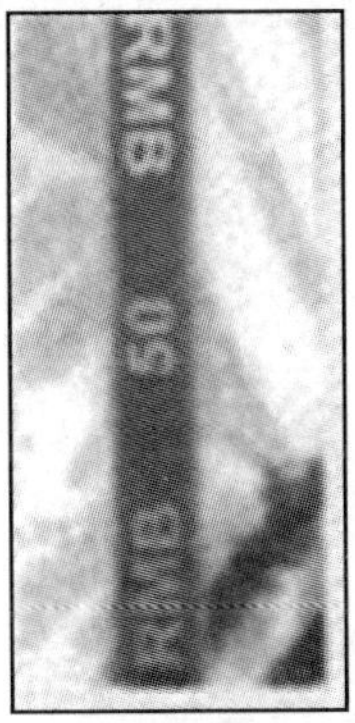

图 4.7　50 元安全线

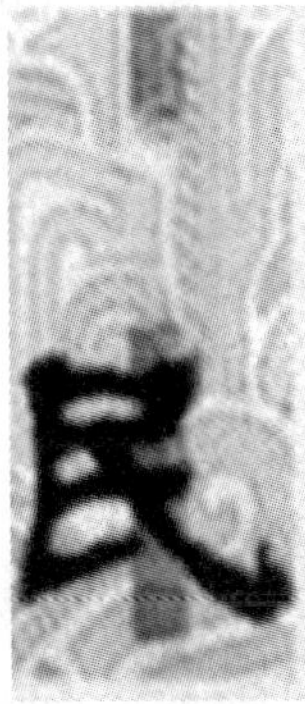

图 4.8　20 元安全线

图 4.9　10 元安全线

图 4.10　5 元安全线

第五套人民币纸币在各券别票面正面中间偏左均有一条安全线。100 元、50 元纸币的安全线，迎光透视，分别可以看到缩微文字“RMB100”“RMB50”的微小文字，仪器检测均有磁性；20 元纸币，迎光透视，是一条明暗相间的安全线，10 元、5 元纸币安全线为全息磁性开窗式安全线，即安全线局部埋入纸张中，局部裸露在纸面上，开窗部分分别可以看到由微缩字符“￥10”“￥5”组成的全息图案，仪器检测有磁性。

第三看光变油墨。

100 元光变油墨印刷如图 4.11 所示。

图 4.11　50 元 光变油墨印刷

第五套人民币 100 元券和 50 元券正面左下方的面额数字采用光变墨印刷。将垂直观察的票面倾斜到一定角度时，100 元券的面额数字会由绿色变为蓝色；50 元券的面额数字则会由金色变为绿色。

第四看票面图案是否清晰，色彩是否鲜艳，对接图案是否可以对接上。

图 4.12

第五套人民币纸币的阴阳互补对印图案应用于 100 元、50 元和 10 元券中。这三种券别的正面左下方和背面右下方都印有一个圆形局部图案。迎光透视，两幅图案准确对接，组合成一个完整的古钱币图案。

第五用 5 倍以上放大镜观察票面，看图案线条、缩微文字是否清晰干净。

图 4.13　第五套人民币 100 元微缩文字

图 4.14　第五套人民币 50 元微缩文字

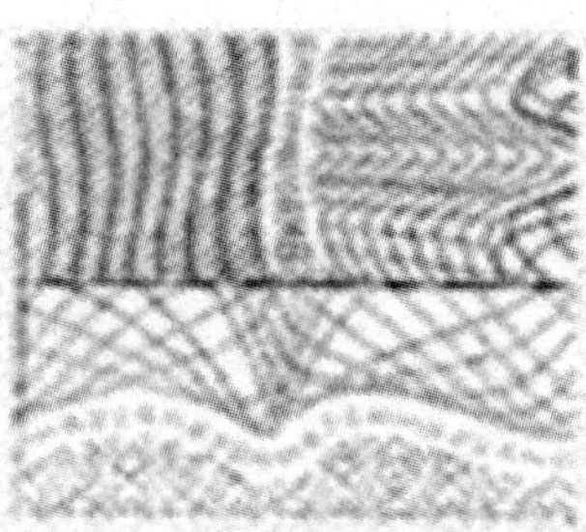

图 4.15　第五套人民币 20 元微缩文字

图 4.16　第五套人民币 10 元微缩文字

图 4.17　第五套人民币 5 元微缩文字

第五套人民币纸币各券别正面胶印图案中，多处均印有微缩文字，20 元纸币背面也有该防伪措施。100 元微缩文字为“RMB”和“RMB100”；50 元为“50”和“RMB50”；20 元为“RMB20”；10 元为“RMB10”5 元为“RMB5”和“5”字样。

②“二摸”：

摸人像、盲文点、中国人民银行行名等处是否有凹凸感。

图 4.18　手工雕刻头像

第五套人民币纸币各券别正面主景均为毛泽东头像，采用手工雕刻凹版印刷工艺，形象逼真、传神，凹凸感强，易于识别。

摸纸币是否薄厚适中，挺括度好。

③“三听”：

通过抖动钞票使其发出声响，根据声音来分辨人民币真伪。人民币的纸张具有挺括、耐折、不易撕裂的特点。手持钞票用力抖动、手指轻弹或两手一张一弛轻轻对称拉动，能听到清脆响亮的声音。

④“四测”：

借助一些简单的工具和专用的仪器来分辨人民币真伪。如借助放大镜可以观察票面线条清晰度、胶、凹印缩微文字等；用紫外灯光照射票面，可以观察钞票纸张和油墨的荧光反映；用磁性检测仪可以检测黑色横号码的磁性。

下面用六招教你识别 HD90 假币，真假差别很明显，如图 4.19 所示。

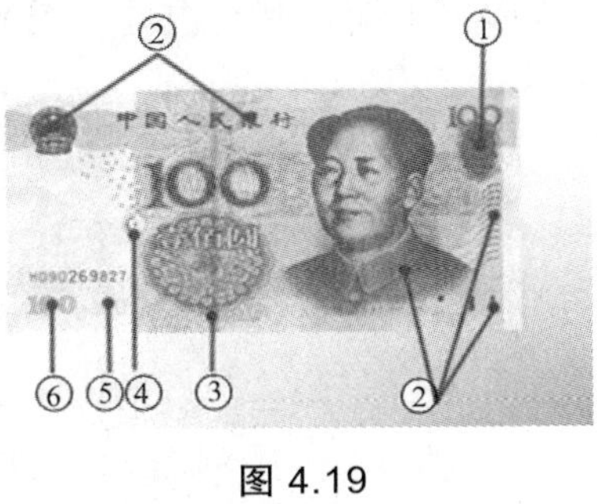

图 4.19

① 这里有隐形的“100”字样，需要把票面放得和眼睛接近平行，对着光源才能看到。而假币是直接印上去的，任何角度都能看到“100”。

② 这几处图案和文字，用手摸，凸凹感会非常明显。假币没有凸凹感。

③ 金属线。真钱是完整的一条，假币中间一般有明显断续。

④ 对着光亮看，真币两面的图形会合在一起，成为一个非常完整的中国古铜钱“孔方”形状。假币基本全都不能合成圆形，非常明显。

⑤ 这里也有个“100”的隐形字样。假币也有，但和真币对照看，差别很明显。

⑥ 把真钱上下晃动，这个“100”的字样会变颜色，一会变蓝一会变绿。假钱完全不变。[①]

（2）新版（2015 版）人民的真假鉴别方法。

一看光变镂空开窗安全线。这条宽 4 毫米的安全线位于钞票正面右侧，相当显眼，当观察角度由直视变为斜视时，安全线颜色由品红色变为绿色；透光观察时，可见安全线中正反交替排列的镂空文字“￥100”。

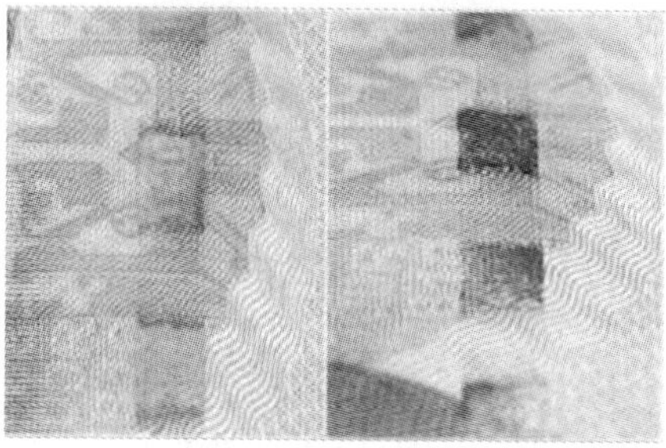

图 4.20

二看光彩光变数字。在钞票正面中部印有光彩光变数字“100”，垂直观察票面，数字“100”以金色为主；平视观察，数字“100”以绿色为主。随着观察角度的改变，数字“100”颜色在金色和绿色之间交替变化，并可见到一条亮光带在数字上下滚动。

图 4.21

三看人像水印。人像水印位于钞票正面左侧空白处，透光观察可见毛泽东头像。

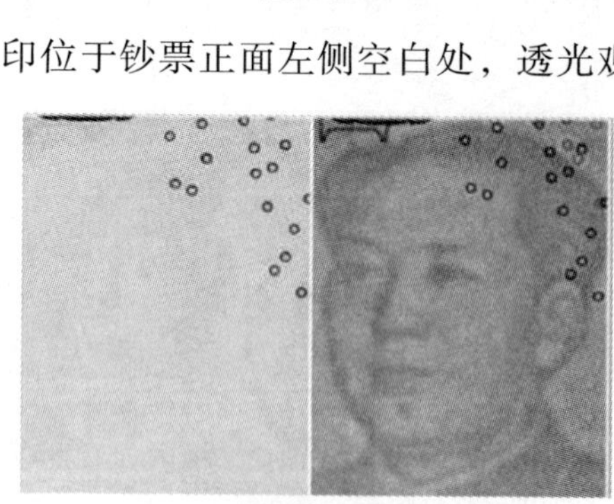

图 4.22

① 来源于网络：央行教你如何识别人民币纸币真伪（组图）
http://finance.sina.com.cn/money/bank/bank_yhfg/20090910/11576732105.shtml

四看胶印对印图案。在钞票正面左下方和背面右下方，两面都有数字“100”的局部图案。透光观察，正背面图案就可以组成一个完整的面额数字“100”。

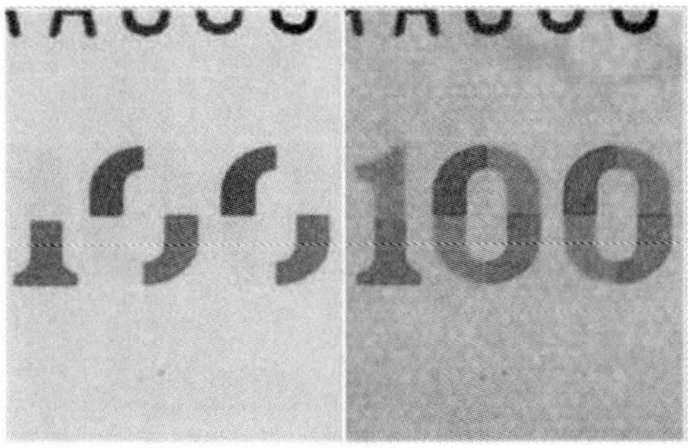

图 4.23

五看横竖双号码。钞票正面左下方采用横号码，其冠字和前两位数字为暗红色，后六位数字为黑色；右侧竖号码为蓝色。

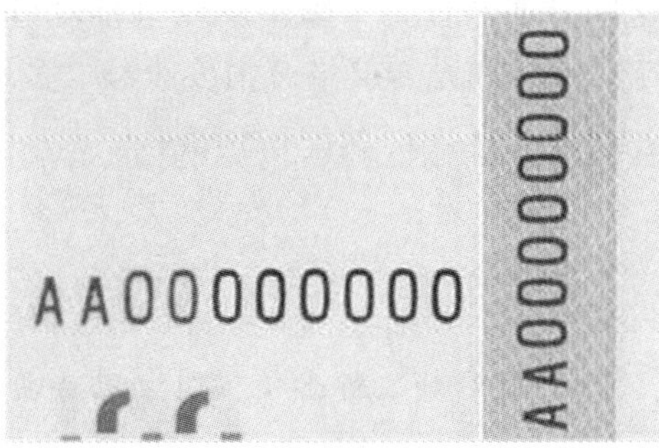

图 4.24

六看白水印。位于钞票正面横号码下方。透光观察，可以看到透光性很强的水印面额数字“100”。

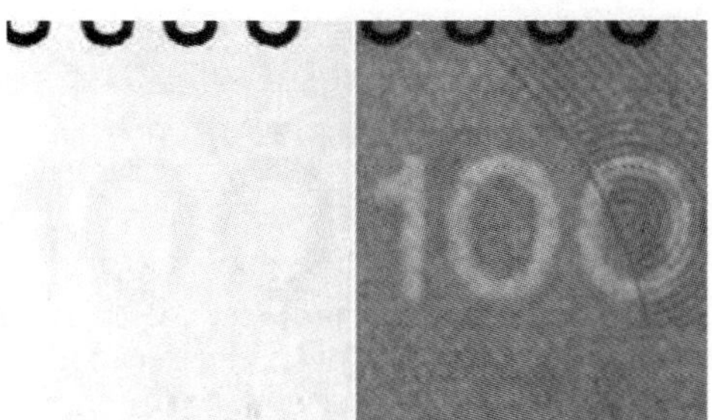

图 4.25

七摸雕刻凹印。钞票正面毛泽东头像、国徽、“中国人民银行”行名、右上角面额数字、盲文及背面人民大会堂等均采用雕刻凹印印刷，用手指触摸有明显的凹凸感。

图 4.26

在这七种方法中，最重要的是前两种。中国印钞造币总公司技术总监邵国伟说，新钞增加了国际先进的光彩光变数字“100”和光变镂空开窗安全线，垂直看分别是金色和品红色的，转变角度平视后都变成绿色，公众 5 秒钟内就能辨别真伪。①

➢ 任务实施

请根据下面的任务安排完成实训任务。

1. 人员安排：值班站长、客运值班员、行车值班员、站务员若干、乘客若干、银行工作人员。

2. 操作设备及备品准备：SC 系统、AFC 终端设备、相关票务备品、练习钞票若干张、相关台账记录本。

3. 情景要求：运营过程中的工作情景。

4. 任务要求：情景模拟以下运营结束后工作：

（1）运营结束后 SC 的相关作业。

（2）运营结束后 TVM 的相关作业。

（3）运营结束后 BOM 的相关作业。

（4）运营结束后 AG、TCM 的相关作业。

（5）运营结束后票款收缴作业，联系点钞和扎钞，要求 10 分钟点出 2000 张扎成 20 扎为满分 100 分，1 扎 100 张，1 扎得 5 分。

（6）票款解行的过程及识别真假币的方法。

① 来源网络：新版百元人民币怎么快速辨别真伪 http://bank.jrj.com.cn/2015/11/12103620060033.shtml

➢ 评价考核

评价表 4.4

<table>
<tr><td>项目名称</td><td></td><td>学生姓名</td><td></td></tr>
<tr><td>任务名称</td><td></td><td>总成绩</td><td></td></tr>
<tr><td colspan="2">评价项目</td><td colspan="2">评价等级</td></tr>
<tr><td>学习目标</td><td>评价内容</td><td>小组评价
（A/B/C/D/E）</td><td>教师评价
（A/B/C/D/E）</td></tr>
<tr><td rowspan="5">知识目标</td><td>掌握运营过程中 SC 的作业</td><td></td><td></td></tr>
<tr><td>掌握运营过程中的 TVM 作业</td><td></td><td></td></tr>
<tr><td>掌握运营过程中 BOM 相关作业</td><td></td><td></td></tr>
<tr><td>掌握运营过程中 AG 相关作业</td><td></td><td></td></tr>
<tr><td>掌握票款解行的过程以及真假币鉴别方法</td><td></td><td></td></tr>
<tr><td rowspan="5">能力目标</td><td>能够完成运营过程中 SC 的作业</td><td></td><td></td></tr>
<tr><td>能够完成运营过程中的 TVM 作业</td><td></td><td></td></tr>
<tr><td>能够完成运营过程中 BOM 相关作业</td><td></td><td></td></tr>
<tr><td>能够完成运营过程中 AG 相关作业</td><td></td><td></td></tr>
<tr><td>能够顺利完成票款解行的过程以及鉴别真假币</td><td></td><td></td></tr>
<tr><td rowspan="3">素质目标</td><td>积极的学习态度</td><td></td><td></td></tr>
<tr><td>任务完成过程中和同学或教师进行充分的交流沟通</td><td></td><td></td></tr>
<tr><td>任务完成过程中的团队协作精神</td><td></td><td></td></tr>
<tr><td>教师评语</td><td colspan="3">教师签名：</td></tr>
</table>

➢ 思考与练习

1. 简述售票员的作业标准与程序。
2. 什么情况下进行自动售票机加币和补票工作，简述加币和补票的操作流程。
3. 简述车票进出站次序错误的处理方法。
4. 简述售票员工作过程中需要别人顶岗的处理办法。
5. 简述自动售票机找零不足情况的处理方法。
6. 简述票款解行的方式和流程。
7. 简述人民币真假币的鉴别方法。

项目 5 异常情况的票务处理

➢ 项目导入

一般情况，自动售检票系统都是在正常的运营模式下工作，当运营过程中出现终端设备故障或其他的紧急情况时，车站工作人员要及时做出判断，并做出相应的处理，完成特殊情况下的票务作业，这就要求车站工作人员掌握各类售检票设备故障及其他降级运营模式下的票务作业处理办法，从而有效应对运营当中可能出现的事故，最大限度地降低影响，尽快恢复正常运营。

➢ 知识目标

1. 理解 AFC 系统不同的运营模式分类。
2. 掌握降级运营模式的设置的原则和流程。
3. 掌握各种降级运营模式设置的原因。
4. 掌握各种降级运营模式下的票务的处理程序。
5. 掌握 AFC 突发故障的类型及票务处理的程序。

➢ 能力目标

1. 能够进行车站降级模式的设置。
2. 能够熟练处理各种降级运营模式下的票务事务。
3. 能够熟练处理不同类型的 AFC 设备故障时的票务事务。

➢ 素质目标

1. 培养学生自主学习的能力和积极的态度。
2. 培养学生善于分析问题和主动思考的职业素养。
3. 培养学生团队协作的精神。

任务 1 运营模式概述

➢ 任务要求

1. 理解 AFC 系统不同的运营模式。
2. 掌握在不同的降级运行运营模式下的票务处理方法。

➢ **知识准备**

AFC 系统针对车站可能出现的运营状况设置了不同的模式控制体系，包括正常运行模式、降级运行模式以及紧急放行模式。不同的模式体系系统会做出不同操作行为的选择和实施。

一、正常运行模式

通常情况下，自动售检票系统在正常运行模式下自动运行。正常模式主要包括正常服务状态、关闭状态、暂停服务状态、设备故障状态、测试（维修）状态及离线运行状态等。

1. 正常服务状态、关闭状态、暂停服务状态

在每日 AFC 系统运行开始时，自动售检票系统可根据时间表设置，自动将各车站终端设备（TVM、AG、TCM）设置为正常服务状态；每日运营结束时，系统也同样按顺序关闭终端设备，将其设置为关闭状态。同样，运营操作人员可以通过车站计算机（SC）将车站终端设备设置为正常服务状态或关闭状态。

当设备出现钱箱满、票箱满、票箱空的情况或设备门被非法打开时，系统会自动进入暂停服务状态。

2. 设备故障状态

在自动检票终端发生故障时，设备将自动进入设备故障状态，并自动向车站上一级报告（如终端设备故障，向车站计算机报告故障信息；车站计算机故障，向中央计算机报告故障信息）；故障消除后，设备再自动向上一级系统报告后自动进入正常服务模式或关闭模式。车站计算机和中央计算机系统会保存相关的故障和维护信息并形成相应的报表。

3. 测试（维修）状态

通过本地控制，车站维护人员可将车站终端设备设置为维修状态，对终端设备进行测试及维护。在维修状态下，所有车站终端设备不能进行正常的车票及现金的处理，但在特定命令下可以使用测试车票。车站终端设备的乘客显示器或状态显示屏会显示“暂停服务”及相关的维修信息。

维修人员及管理人员经登录后才能进入维修状态。通过维修界面输入命令，对主要的部件和模块进行测试。

4. 离线运行状态

车站设备能在本机上保存相关的参数设置，并由车站计算机系统定期更新。当车站终端设备与车站计算机之间、车站计算机和中央计算机之间、中央计算机模块间的网络通信中断或无网络连接时，设备可在离线情况下运行。

二、降级运行模式

降级运行模式是指运营过程中针对非正常的运营状况、条件所做出的相应操作行为的选择和实施，一般包括列车运营故障模式、进出站免检模式、时间免检模式、日期免检模式、超程免检模式、紧急放行模式等。

（1）降级模式的设置的原则。

① 模式的设置可通过中央计算机设置，也可以通过车站计算机系统将车站终端设备进行设置，以车站计算机设置优先，同时做好相关记录。

② 设置人员为车站值班站长及以上的人员进行操作。

③ 模式结束后，值班站长下令通过 SC 取消该模式。

（2）进入降级运行模式后设备的表现。

① 中央计算机系统工作站上要明显地显示该车站名称及模式，如字体或颜色闪烁等以方便监控。

② 设置了该模式的车站计算机系统应该在显著的位置上，用明确的文字或符号显示所设置的模式，并用明确的文字或符号显示车站内的哪些设备已经进入该模式。

③ 收到车站计算机下达的命令后，车站终端设备按模式要求进入相应的状态，并对车票进行处理。

1. 列车故障模式

当出现列车运营故障，部分车站暂时中止运营服务时，暂停服务的车站需根据相关规定将本站 AFC 终端设备设置为设置列车故障模式，由值班站长在车站计算机上进行设置，在收到计算机下达的命令后，车站终端设备按模式要求进入相应的状态，并对车票进行处理。在此模式下，对车票的处理如下：

（1）对本站进站的单程票及乘次票不扣除车费或乘次，单程票不回收，并写入此模式的标志信息。

（2）对本站进站的其他类型车票不扣除任何费用，并写入出站码和此模式的标志信息。

（3）对其他车站进站的单程票及乘次票不扣除车费或乘次，单程票不回收，并写入此模式的标志信息。

（4）对其他车站进站的其他类型车票不扣除任何费用，并写入出站码和此模式的标志信息。

模式结束后，所有车站的检票机对车票的处理如下：

（1）若单程票或乘次票具有列车故障模式信息，并在规定时间内（系统设置），则应允许在任何车站进站使用，出站时根据实际车票进行检查，车票费用不足时应到半自动补票机进行超程更新处理。

（2）储值票等其他车票正常使用和扣费。

列车晚点的处理流程如图 5.1 所示。

2. 进站免检模式

当车站的进站闸机和双向检票设备全部故障或车站出现大客流冲击的情况，车站检票设备严重不足，危及乘客安全时，开启进站免检模式允许出乘客不通过进站闸机检票即可进站，按进站免检模式对车票进行处理。

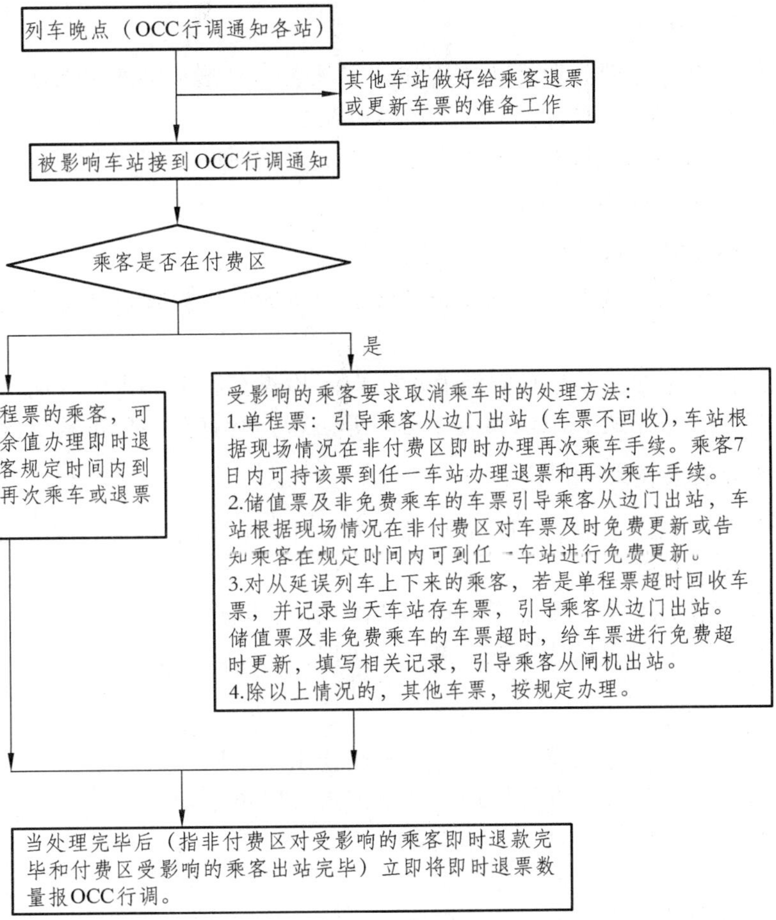

图 5.1　列车晚点的处理流程

（1）设置此模式的车站所有进站闸机开放，不检验任何车票，乘客可以直接进站。

（2）无进站信息的车票在其他车站或本站出站时，由出站检票机根据清分系统、线路中央计算机下载的设置信息，其进站地点为此次进站车站，并按该免检模式进出扣费，对余额不足的车票要到票务处进行超程更新处理。

（3）若有大于两个车站设置该模式，出站检票机按扣费最低的车票进行扣费。

（4）如果所有车站都设置为该模式，则所有车票都不检查进出站次序，储值票将扣除最短程车费，乘次票被扣除一个乘次，单程票不检查车票余值，只进行回收。

3. 出站免检模式

当车站的出站闸机和双向检票设备全部故障或车站出现大客流冲击的情况，客流集中出站，车站检票设备严重不足，危及乘客安全时，开启出站免检模式，出站闸机开放，允许出乘客不通过出站闸机检票即可出站，按出站免检模式对车票进行处理。

（1）设置此模式的车站所有出站闸机开放，不检验任何车票，乘客可以直接出站，单程票直接回收。

（2）若有大于两个车站设置该模式，储值票在下次进站时进行票务事务处理按扣费最低的车程费进行扣费，乘次票被扣除一个乘次。

4. 时间免检模式

由于轨道交通运营企业事故原因如列车延误等导致乘客的车票超时无法出站时，应及时设置时间免检模式。

此模式下出站检票机时不检查车票上次的进站时间，但仍要检查车票的票值、进站码、日期等，所有车票按正常票价扣费。

5. 日期免检模式

由于轨道交通运营企业原因导致乘客车票过期时，根据运营工作的需要及相关规定设置日期免检模式。

设置此模式的出站检票机对所有的车票不检查车票上的有效日期，但是仍要检查车票上的其他信息，去进站码、车票票值、时间等信息，所有车票按正常票价扣费。

6. 超程免检模式

由于某个车站因事故、故障而关闭，导致列车越过该站后才停车（跳停），可根据相关规定设置超程免检模式。

设置此模式的出站检票机不检查车票的余值，但检查车票的其他信息，如进站码、日期、时间等信息，储值票按最低票价扣值，乘次票扣一个乘次，单程票回收。

7. 不同模式的组合

除了前面讲到的降级模式外，有时候还会出现不同模式的组合，在组合模式下，车票的处理按照模式的并集方式进行处理，各个模式可以单独运作。

（1）超程免检模式＋时间免检模式

（2）超程免检模式＋日期免检模式

（3）超程免检模式＋进出站免检模式

（4）时间免检模式＋日期免检模式

（5）时间免检模式＋进出站免检模式

（6）日期免检模式＋进出站免检模式

（7）超程免检模式＋时间免检模式＋日期免检模式

（8）超程免检模式＋日期免检模式＋进出站免检模式

（9）时间免检模式＋日期免检模式＋进出站免检模式

（10）超程免检模式＋时间免检模式＋日期免检模式＋进出站免检模式

三、紧急放行模式

动画－特殊票务问题处理

运营过程中，当发生地震、火灾、爆炸等紧急情况，需要乘客紧急撤离车站时，车站现场拍打紧急按钮，AFC 系统进入紧急放行模式。

（1）所有售票类设备停止售票充值业务，TVM/AVM 机自动进入暂停服务状态。

（2）半自动售票机可正常运作，但操作员显示屏上显示紧急状态。

（3）闸机处于全开状态，保证乘客无阻碍离开付费区。所有检票机的乘客显示器显示紧急信息，所有面向付费区的导向指示器闪烁显示“通行”标志，所有面向非付费区的导向指示器闪烁显示“禁止通行”标志。

（4）所有检票机不对车票进行写处理，如有车票放于读卡器上，不对车票进行写操作，轨道交通专用票不回收。车站出现火灾等紧急情况的处理程序如图 5.2 所示。

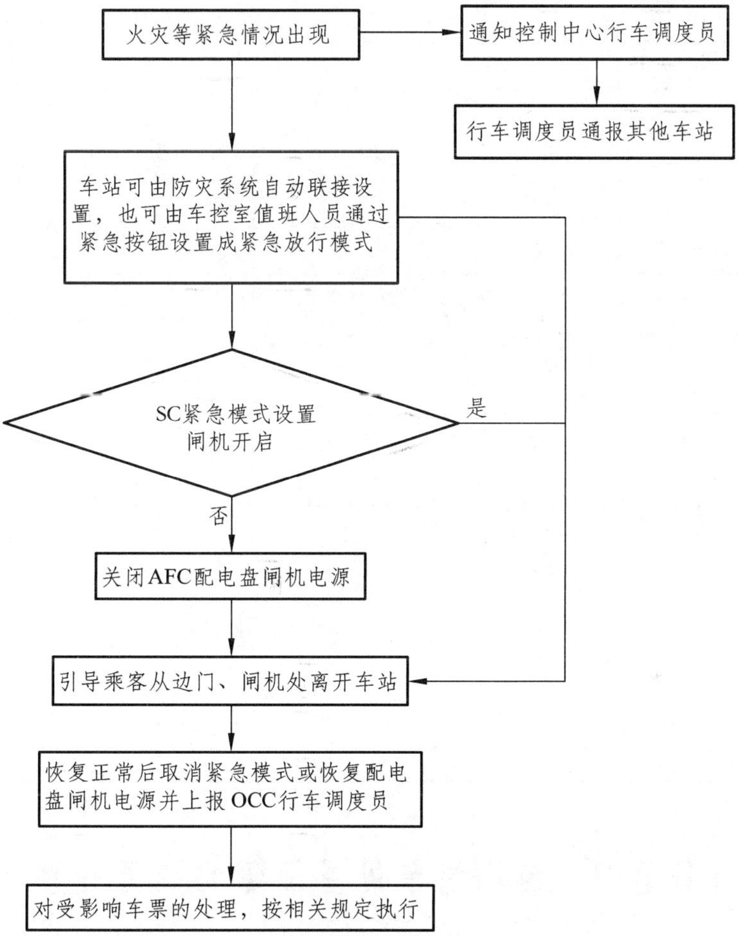

图 5.2　车站出现火灾等紧急情况的处理程序

➢ 任务实施

请根据下面的任务安排完成“降级运营模式下的票务处理”的任务。

1. 人员安排：值班站长、客运值班员、行车值班员、站务员若干。
2. 操作设备和备品准备：SC 系统、AFC 终端设备、手持验票机、各类车票等。
3. 场景要求：车站模拟站厅层。
4. 任务要求：根据不同的情景模拟非正常运营模式下的票务处理工作：

（1）某车站接到 OCC 行调通知，列车将晚点，请根据自己的角色安排进行情景模拟演练。

（2）某车站接到 OCC 行调有关列车越战通知，请将车站设置成相应的模式，并进行相关的票务处理。

➢ 评价考核

评价表 5.1

项目名称		学生姓名	
任务名称		总成绩	
评价项目		评价等级	
学习目标	评价内容	小组评价（A/B/C/D/E）	教师评价（A/B/C/D/E）
知识目标	明确运营模式的分类		
	明确降级运营模式设置的原则		
能力目标	能够在 SC 系统上设置各种降级运行模式		
	能够在降级运营模式下进行相关的票务处理		
素质目标	积极的学习态度		
	任务完成过程中和同学或教师进行充分的交流沟通		
	任务完成过程中的团队协作精神		
教师评语	教师签名：		

任务 2　自动售票设备故障的票务处理

➢ 任务要求

掌握车站自动售票机全部故障和能力不足的票务处理程序。

➢ 知识准备

一、部分自动售票机 TVM 故障或能力不足的处理

自动售票机能力不足是指当车站出现突发大客流等特殊情况时，由于现有的自动售票机数量有限，不能满足乘客购票需要，导致大量乘客在车站非付费区滞留并等候购票情况。

当部分自动售票机 TVM 故障时，应及时向 AFC 分公司或其他相关部门保修并做好相关登记，做好启用 BOM 进行售票的各项准备，并在故障 TVM 前摆放“设备故障，暂停使用”的提示牌，引导乘客选用正常服务的 TVM，同时站内站务人员对乘客做好引导宣传工作。若本站 TVM 故障率超过 60% 或明显无法满足乘客需求，视客流情况，值班站长可下令启用 BOM

或者适当加开 BOM 售票窗口，以加大售票能力。部分自动售票设备故障或能力不足的处理流程如图 5.3 所示。

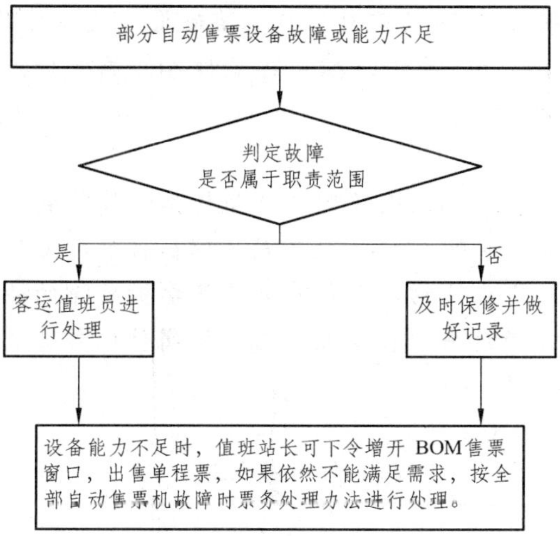

图 5.3　部分自动售票设备故障或能力不足的处理流程

二、全部自动售票机 TVM 故障时的票务处理程序

当车站全部自动售票机 TVM 故障时，客运值班员或者站务人员应立即通知值班站长，向相关维修部门报修，做好记录，并到站厅进行宣传疏导工作。

全部自动售票机故障时，值班站长安排售票员在 BOM 出售单程票。根据客流情况，当半自动售票机售票不能满足乘客购票需求时，值班站长需要报站长确定是否出售预制单程票或纸票，并报告控制中心的行车调度员，由行车调度员通知其他车站做好给乘客检票的准备工作；同时安排人员引导持纸票的乘客进行人工检票进站；客流有效缓解后或设备恢复正常运作，值班站长决定停止售卖纸票同时上报控制中心的行车调度员。全部自动售票机 TVM 故障的处理流程如图 5.4 所示。

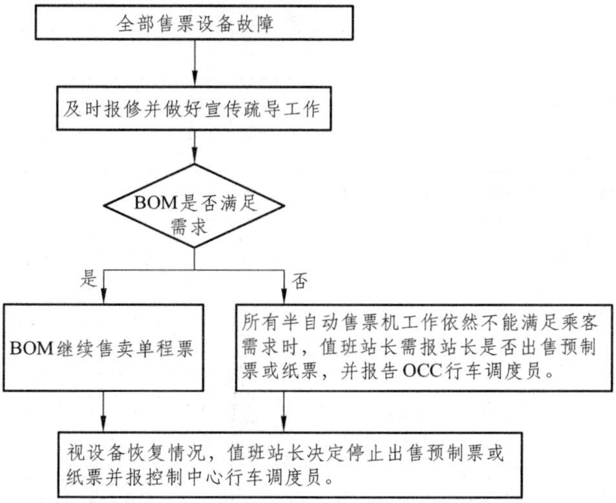

图 5.4　全部自动售票机 TVM 故障的处理流程

➢ 任务实施

请根据下面的任务安排完成任务。

1. 人员安排：值班站长、客运值班员、行车值班员、站务员若干。
2. 操作设备和备品准备：SC 系统、AFC 终端设备、手持验票机、各类车票等。
3. 场景要求：车站模拟站厅层。
4. 任务要求：

（1）某年 5.1 劳动节，某地铁站出现部分自动售票机故障的情况，请描述部分自动售票机故障的处理程序，并根据角色安排模拟站厅层不同岗位的作业流程。

（2）某年 5.1 劳动节，某地铁站出现所有自动售票机故障的情况，请描述全部自动售票机故障的处理程序，并根据角色安排模拟站厅层不同岗位的作业流程。

➢ 评价考核

评价表 5.2

项目名称		学生姓名	
任务名称		总成绩	
评价项目		评价等级	
学习目标	评价内容	小组评价（A/B/C/D/E）	教师评价（A/B/C/D/E）
知识目标	掌握自动售票设备能力不足的票务处理程序		
	掌握部分或全部自动售票设备故障的票务处理程序		
能力目标	能够在自动售票设备能力不足时进行相应的处理		
	能够在部分或全部自动售票设备故障时进行票务处理		
素质目标	积极的学习态度		
	任务完成过程中和同学或教师进行充分的交流沟通		
	任务完成过程中的团队协作精神		
教师评语	教师签名：		

任务 3　半自动售票机故障的票务处理

➢ 任务要求

掌握车站半自动售票机全部故障和能力不足的票务处理程序。

➢ 知识准备

动画–半自动售票机常见故障处理

一、部分半自动售票机 BOM 故障时的票务处理程序

当车站半自动售票机故障时，售票员应立即报告值班站长或客运值班员，值班站长或客运值班员根据客流情况，指示启用未故障的 BOM 机，并做好相应的记录，同时通知维修人员进行故障处理，做好报修记录。在故障修理期间，售票员需要在故障票务中心安置“设备故障，暂停服务”提示牌，客运值班员应安排人员引导乘客至自动售票机 TVM 购票充值及其他票务处（即半自动售票机正常的票务处）办理相关票务业务。部分半自动售票机故障的处理流程如图 5.5 所示。

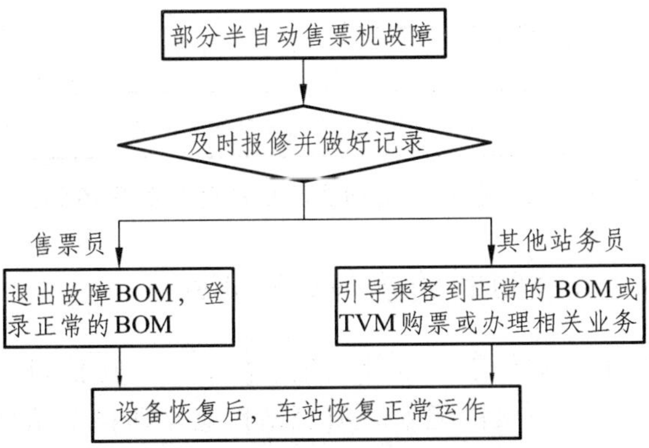

图 5.5　部分半自动售票机故障的处理流程

二、全部半自动售票机 BOM 故障时的票务处理程序

当全部半自动售票机发生故障时，且不属于人为操作不合规范导致，售票员要立即报告值班站长，通知维修人员进行抢修并做好保修记录。此时，车站内售票充值的能力以及乘客票务处理的能力会受到影响。客运值班员应及时通知值班站长，值班站长通知中心站站长现场的情况，由中心站站长逐级向公司汇报，并根据客流情况下令发售预制票来缓解车站的售票压力，客运值班员或值班站长根据中心站长的指令启用预制单程票并做好相应的报表台账记录及乘客的宣传解释工作，同时开启车站所以可用自动售票设备。

全部半自动售票机故障时车站票务处理流程如下：

1. 乘客在非付费区

当全部半自动售票机发生故障，乘客在非付费区时，引导其从边门进站，并告知将在出站时由出站的车站进行车票处理。

2. 乘客在付费区

当全部半自动售票机发生故障，乘客在付费区时，若乘客无法正常出闸，对持单程票的乘客回收单程票，引导从边门出站，对持储值票的乘客，引导乘客到便携式验票机（PCA）处理后刷卡验票，并进行相应的处理。

全部半自动售票机故障的处理流程如图 5.6 所示。

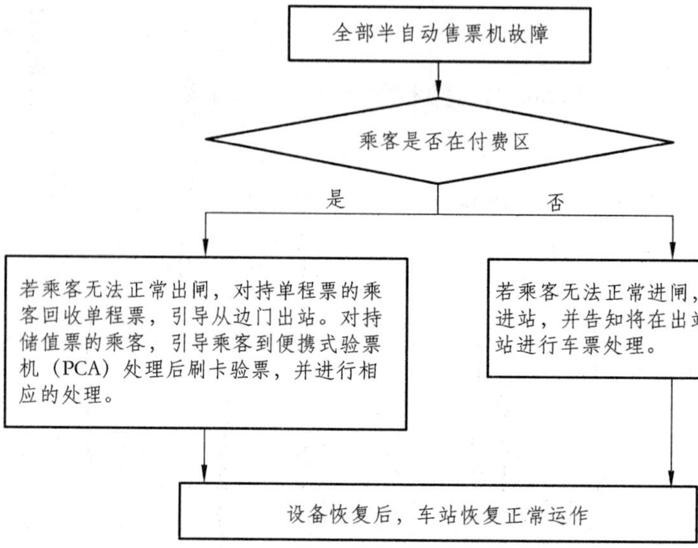

图 5.6　全部半自动售票机故障的处理流程

三、全部售票类设备故障时的票务处理程序

当车站自动售票机和半自动售票机全部发生故障时，客运值班员应立即向值班站长汇报车站设备情况并报修，同时做好报修记录。值班站长应立即将车站现场运营处置情况上报中心站站长，并由中心站站长逐级上报公司，根据客流情况下令发售预制票。

1. 预制票的发售

值班站长根据中心站长的命令下令，车站发售预制票。

（1）故障发生站的票务处理。

① 车站通过调度电话通知控制中心行车调度员，由行车调度员告知线路内其他车站做好应对准备。

② 客运值班员配发预制票，客运值班员在票务收益室，将封存预制票配发给各售票员并做好相关台账报表记录，然后至站厅进行宣传疏导工作。

③ 售票员领取预制票，在车站票务处内依照票价表发售预制单程票。

④ 车站通过广播、提示牌、人工宣传等方式提醒乘客暂停充值业务，引导乘客购买预制单程票。厅巡员等组织乘客有序进出车站。

（2）故障发生影响站的票务处理。

当其他车站接到某车站发售预制票的通知时，值班站长应立即告知站内所有的票务工作人员，按照预制票发售站及发售时间进行相应的票务处理。

当部分设备恢复正常后，值班站长应根据客流情况决定停止出售预制票，并上报控制中心调度员，调度员通知其他车站。

2. 车票的更新处理

当全部售票设备故障时，对于乘客票务处理需视乘客是否在付费区进行处理：

（1）非付费区乘客。

对非付费区乘客，引导持储值票无法正常进入闸机的乘客及持预制票的乘客从应急通道进站，对持储值票不能正常进站的乘客，告知其在出站时由出站的车站进行车票处理。

（2）付费区乘客。

若乘客在付费区而无法正常出闸时，引导乘客从应急通道出站。对持储值票的乘客，应告知其在下次乘车时到票务处处理车票；持单程票的乘客，应回收其单程票。全部售票类设备故障的处理流程如图 5.7 所示。

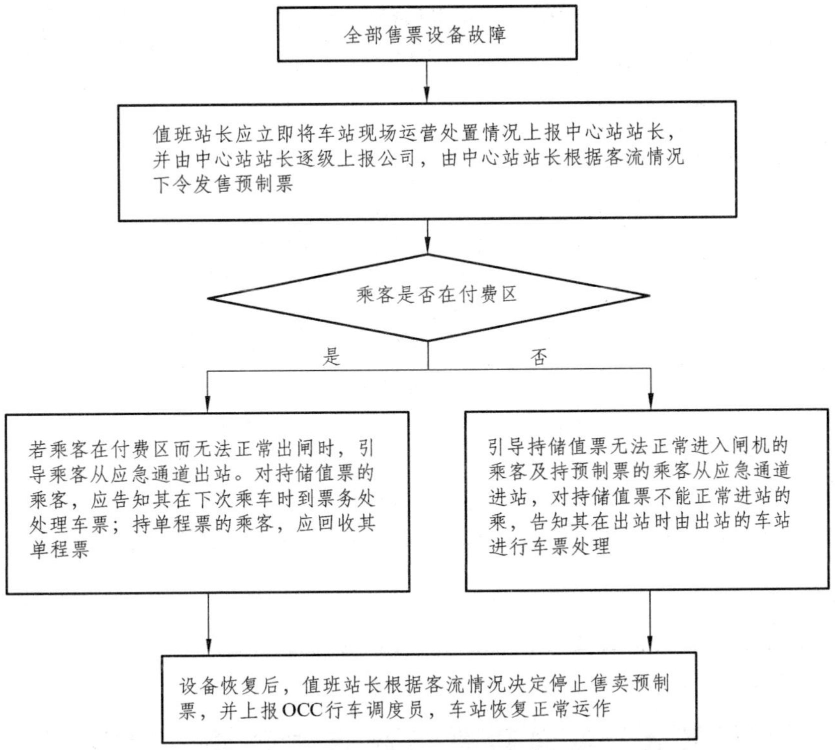

图 5.7　全部售票设备故障的票务处理流程

➢ 任务实施

请根据下面的任务安排完成任务。

1. 员安排：值班站长、客运值班员、行车值班员、站务员若干。
2. 作设备和备品准备：SC 系统、AFC 终端设备、手持验票机、各类车票等。
3. 场景要求：车站模拟站厅层。
4. 任务要求：

（1）某地铁站出现部分半售票机故障的情况，请描述部分半自动售票机故障的处理程序，并根据角色安排模拟站厅层不同岗位的作业流程。

（2）某地铁站出现全部自动半售票机故障的情况，请描述所有半自动售票机故障的处理程序，并根据角色安排模拟站厅层不同岗位的作业流程。

➢ 评价考核

评价表 5.3

<table>
<tr><td>项目名称</td><td></td><td>学生姓名</td><td></td></tr>
<tr><td>任务名称</td><td></td><td>总成绩</td><td></td></tr>
<tr><td colspan="2">评价项目</td><td colspan="2">评价等级</td></tr>
<tr><td>学习目标</td><td>评价内容</td><td>小组评价
（A/B/C/D/E）</td><td>教师评价
（A/B/C/D/E）</td></tr>
<tr><td rowspan="2">知识目标</td><td>掌握全部半自动售票设备故障的票务处理程序</td><td></td><td></td></tr>
<tr><td>掌握全部售票设备故障的票务处理程序</td><td></td><td></td></tr>
<tr><td rowspan="2">能力目标</td><td>能够在半自动售票设备故障时进行相应的处理</td><td></td><td></td></tr>
<tr><td>能够在全部售票设备故障时进行票务处理</td><td></td><td></td></tr>
<tr><td rowspan="3">素质目标</td><td>积极的学习态度</td><td></td><td></td></tr>
<tr><td>任务完成过程中能和同学或教师进行充分的交流沟通</td><td></td><td></td></tr>
<tr><td>任务完成过程中的团队协作精神</td><td></td><td></td></tr>
<tr><td>教师评语</td><td colspan="3">

教师签名：</td></tr>
</table>

任务4　自动检票机故障时的票务处理

➢ 任务要求

掌握自动检票机故障时的票务处理程序。

➢ 知识准备

一、进站闸机故障或闸机能力不足情况下的票务处理程序

当部分自动检票机故障时，厅巡人员对职责范围内的故障情况及时进行简单故障处理，

在相应的检票通道处摆放“设备故障，暂停使用”提示牌，引导乘客选用正常闸机进、出站。若遇非职责范围内或无法处理的设备故障，应及时向相关部门报修，并做好报修记录。

1. 部分进站闸机故障时的票务处理程序

当部分进站闸机故障时，厅巡人员要及时通知值班站长，值班站长可视客流情况做出减缓或减少售票窗口的决定；必要时可酌情关闭站内自动售票设备及售票窗口，以减小车站进站压力。

2. 全部进站闸机故障时的票务处理程序

全部进站闸机故障是指全部进站闸机停止检票，乘客无法通过进站闸机正常进站。当发生全部进站闸机故障时，值班站长应指挥各岗位按以下程序处理：

（1）发生车站的票务处理。

故障发生时，客运值班员必须安排人员引导持票的乘客通过专用通道进站，使用手持验票机进站处理（加进站标示）。

如果客流激增，手持验票机无法满足乘客进站需求，可引导乘客从边门进站，同时报控制中心行车调度员，由行车调度员通知其他车站做好给乘客更新车票的准备工作，车站在设备恢复正常或进站闸机客流有效缓解后恢复正常运作，并上报控制中心行车调度员。

（2）出站车站的票务处理。

受影响车站在接到行车调度员通知后，安排售票员做好乘客车票更新工作，引导乘客更新车票后通过出站闸机正常出站。

进站闸机能力不足或全部进站闸机故障的处理流程如图 5.6 所示。

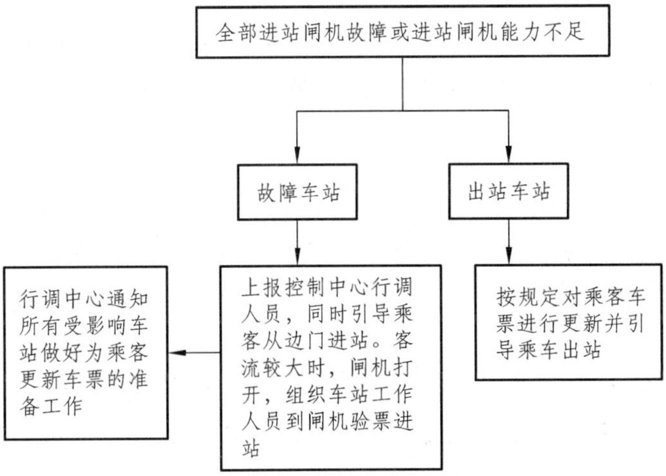

图 5.8 进站闸机能力不足或全部进站闸机故障的处理流程

二、出站闸机设备故障或能力不足时的票务处理程序

1. 部分出站闸机故障时的票务处理程序

故障发生时，如出站闸机能力不足，可安排厅巡员引导持票的乘客通过增设专用通道出站，使用手持验票机出站处理，仍然不能满足乘客出站要求的按照全部出站闸机故障程序处理。

2. 全部出站闸机故障时的票务处理程序

全部闸机故障是指全部出站闸机停止检票，乘客无法通过出站闸机正常出站。当发生全部出站闸机故障时，值班站长应指挥各岗位按以下程序：

故障发生时，安排厅巡员引导持票的乘客通过增设的专用通道出站，使用手持验票机出站处理（加进站标示）。

如果客流激增手持验票机如法满足乘客出站需求，值班站长及时报控制中心行车调度员，通知厅巡员引导乘客从边门出站，对待单程票的乘客，应回收其单程票并计入当天站存；对持储值票的乘客，应告知其本次车费在下次乘车时到售票处扣除。车站在设备恢复正常或出闸机客流有效缓解后恢复正常运作，并上报控制中心行车调度员。

出站闸机能力不足及全部出站闸机故障的处理流程如图 5.9 所示。

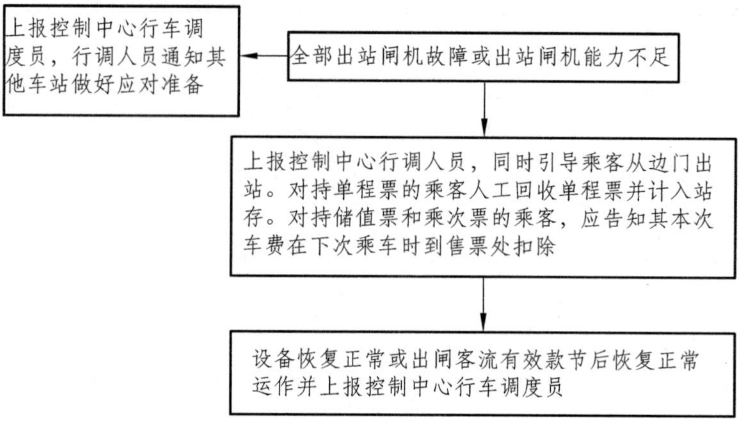

图 5.9　出站闸机能力不足或全部出站闸机故障的处理流程

➢ 任务实施

请根据下面的任务安排完成任务。

1. 人员安排：值班站长、客运值班员、行车值班员、站务员若干。
2. 操作设备和备品准备：SC 系统、AFC 终端设备、手持验票机、各类车票等。
3. 场景要求：车站模拟站厅层。
4. 任务要求：

（1）某地铁站出现部分进站闸机故障的情况，请描述部分进站闸机故障的处理程序，并根据角色安排模拟站厅层不同岗位的作业流程。

（2）某地铁站出现所有进站闸机出现故障的情况，请描述进站闸机全部故障的处理程序，并根据角色安排模拟站厅层不同岗位的作业流程。

（3）某地铁站出现部分出站闸机故障的情况，请描述部分出站闸机故障的处理程序，并根据角色安排模拟站厅层不同岗位的作业流程。

（4）某地铁站出现全部出站闸机故障的情况，请描述全部出站闸机故障的处理程序，并根据角色安排模拟站厅层不同岗位的作业流程。

➢ 评价考核

评价表 5.4

<table>
<tr><td>项目名称</td><td></td><td>学生姓名</td><td></td></tr>
<tr><td>任务名称</td><td></td><td>总成绩</td><td></td></tr>
<tr><td colspan="2">评价项目</td><td colspan="2">评价等级</td></tr>
<tr><td>学习目标</td><td>评价内容</td><td>小组评价
（A/B/C/D/E）</td><td>教师评价
（A/B/C/D/E）</td></tr>
<tr><td rowspan="2">知识目标</td><td>掌握进站闸机能力不足的票务处理程序</td><td></td><td></td></tr>
<tr><td>掌握出站闸机故障的票务处理程序</td><td></td><td></td></tr>
<tr><td rowspan="2">能力目标</td><td>能够在进站闸机能力不足时进行相应的处理</td><td></td><td></td></tr>
<tr><td>能够在出站闸机故障故障时进行票务处理</td><td></td><td></td></tr>
<tr><td rowspan="3">素质目标</td><td>积极的学习态度</td><td></td><td></td></tr>
<tr><td>任务完成过程中能和同学或教师进行充分的交流沟通</td><td></td><td></td></tr>
<tr><td>任务完成过程中的团队协作精神</td><td></td><td></td></tr>
<tr><td>教师评语</td><td colspan="3">

教师签名：</td></tr>
</table>

➢ 思考与练习

1. 降级运营模式有哪些类型？
2. 简述发生火灾时的处理程序。
3. 简述部分 TVM 发生故障时的处理程序。
4. 简述全部 TVM 发生故障时的处理程序。
5. 简述部分 BOM 发生故障时的处理程序。
6. 简述全部 BOM 发生故障时的处理程序。
7. 简述部分进站闸机发生故障时的处理程序。
8. 简述全部进站闸机发生故障时的处理程序。
9. 简述部分出站闸机发生故障时的处理程序。
10. 简述全部出站闸机发生故障时的处理程序。

项目6 票务收入管理

➢ 项目导入

票务收入管理是城市轨道票务工作中的重要组成部分。其中，各类台账报表的填制贯穿于整个票务工作中，是车票、现金领取、保管、使用、上交的重要凭证，其填制规范和方法极其严谨。那么，票务工作中包含哪些台账？如何填制？售票员长短款如何处理？本项目主要解决这些问题。

➢ 知识目标

1. 掌握车站基本票务报表的主要内容及填写方法。
2. 掌握轨道交通的售票员结算流程。
3. 了解票务结算模式。
4. 掌握售票员长短款处理办法。

➢ 能力目标

1. 学会填制城市轨道交通票务管理工作中的各类报表。
2. 了解城市轨道交通票务管理工作中各报表内部的逻辑关系及各报表之间的逻辑关系。
3. 掌握填制报表的规范及纠错方法。
4. 掌握城市轨道交通售票员结算及短款处理办法。

➢ 素质目标

1. 培养学生自主学习的能力和积极的态度。
2. 培养学生善于分析问题和主动思考的职业素养。
3. 培养学生团队协作的精神。

任务1 车站报表填写要求

➢ 情境导入

在城市轨道交通票务工作中，随着车票、现金流转的各类报表，运用多媒体课件、纸质票务报表进行展示。

任务要求

掌握车站票务报表的种类、填写要求、改错规范、保存规定及遗失处理等内容。

➢ **知识准备**

动画–车站常见票务报表

一、车站报表的种类

车站票务工作所涉及的报表主要包括：《车站票务交接班登记表》《车站售票员配发、回收票款单》《车站 TVM 加票、回收、清点记录表》《车站售、存票日报》《无效车票处理/退款处理单》《车站营收日报》《车票上交单》。

二、车站报表填写/录入基本原则

报表填写/录入必须真实、准确、完整、及时。报表填写完毕，填写人员必须加盖私章或签名确认；录入报表时必须使用自己的员工号及密码操作。

（1）真实：报表填写/录入必须如实反映票务情况，不得捏造事实，弄虚作假。

（2）准确：报表填写/录入必须确保数据正确。

（3）完整：必须按报表所列事项填写/录入，不得遗漏。

（4）及时：报表必须在规定期限内填制/录入完毕，并按规定时间上交到指定部门，不得故意拖延。

三、纸质报表填写要求

（1）纸质报表必须用蓝色或黑色笔填写，字迹必须清晰、工整，不得潦草。

（2）属于过底的纸质报表用圆珠笔填写，一定要写透，不要上面清楚，下面模糊；属于非过底的纸质报表可用圆珠笔、钢笔或签字笔填写。

（3）报表的各项指标必须按要求填写，不应随便空格不报。若因客观原因不产生数字的空格用“/”或“0”符号表示。

（4）填写人员和审核人员必须亲自签字或用私章确认。

（5）数字：阿拉伯数字应一个一个地写，不得连笔书写。

四、报表改错规定

（1）纸质报表填写发生错误时，不得刮擦、挖补、涂抹或用化学药水更改字迹。应采用“划线更正法”修正，在报表中错误文字或错误的数据上划一红线，以示注销，要求划去整个错误数字，然后在该处盖上更改人员私章以示负责。

（2）一张报表更改超过 3 处时应作废，作废的报表各联应当加盖“作废”戳记，第一联随报表上交车票核对室，其他联车站留存保管。车站重填写一份报表，重填时非本人的员工签章无需填写，但更改人在报表空白处需签章。

（3）收益审核员在核对报表时发现报表填写错误时，应尽快电话通知报表填写当事人。当事人在接到票务部电话后，须在规定时间内到票务部票务室按规定更改填写错误处。

五、报表的保管

（1）车站应按月整理报表并装订成册。

（2）车站保管报表需确保报表的安全。

（3）车站所有报表的保管年限一般为 1 ~ 2 年，保管期限满后由相关部门统一注销和销毁，严禁私自进行报表注销、销毁。

六、报表遗失处理

若车站将需要上交的报表遗失，应上报值班站长，重新填写一张报表，需要乘客签名处空出，填写完成的报表需要客运（票务）值班员、值班站长签名备注。

➢ 任务实施

由于每个地铁公司的管理模式和规范都有所不同，其各类票务报表的格式以及报送规定也不同，但其目的都是为了对车站的票卡、现金进行统一、规范的管理，同时形成统一的纸质和电子类的台账报表，做到有迹可查，也为票务清分工作提供保障。

例如，某地铁车站票务报表上交的规定有：

（1）车站每日上交的手工报表一般包括：《车站售票员配发、回收票款单》《车站售、存票日报》《车站营收日报》《乘客事务处理单》《车站 TVM 加票、回收、清点记录表》。《车票上交/调拨单》发生业务时上交。

（2）有的地铁公司要求只上报电子台账，纸质台账由各自然站保存，保存一年后由各自然站封存，并按规定时间上交，统一销毁。

（3）各站将需要上交的报表上交到所对应的中心站，由各中心站统一上交到公司票务部门，上交时，应分类别装订后放入报表袋，由客运（票务）值班员与售票员（站务员、厅巡员）一起到指定车次的列车车头进行交接。

➢ 评价考核

评价表 6.1

项目名称		学生姓名	
任务名称		总成绩	
评价项目		评价等级	
学习目标	评价内容	小组评价（A/B/C/D/E）	教师评价（A/B/C/D/E）
知识目标	掌握车站基本票务报表的种类		
	掌握车站基本票务报表的填写要求		
	掌握车站基本票务报表的改错规范		
	掌握车站基本票务报表的保存规定及遗失处理		

续表

学习目标	评价内容	小组评价（A/B/C/D/E）	教师评价（A/B/C/D/E）
能力目标	了解城市轨道交通票务管理工作中各报表内部的逻辑关系及各报表之间的逻辑关系		
	能够清楚填制报表的规范及纠错方法		
	能够掌握遗失报表的处理流程		
素质目标	积极的学习态度		
	任务完成过程中和同学或教师进行充分的交流沟通		
	任务完成过程中的团队协作精神		
教师评语	教师签名：		

任务2　车站售票员配发、回收票款单的填写

➢ 情境导入

在城市轨道交通车站票务室，每个班次的客运（票务）值班员给售票员配车票、备用金，或中途追加车票、备用金，售票作业结束后或作业中途需要交接班，售票员上交票款、备用金和剩余车票时，需填写车站售票员配发、回收票款单。

➢ 任务要求

掌握车站售票员配发、回收票款单的填写方法、注意事项和填写要点。

➢ 知识准备

一、售票员工作流程

1. 票务工作班制介绍

地铁公司站（票）务工作一般采取三班倒的工作班制，本章节中所采取的班制均为“早

班+中班”制，早班：6：00—14：00；中班：14：00—23：00，班组之间的交接班时间为 14：00，即每个当班班组于当日 14：00 接班，于次日 14：00 交班（下同）。

2. 售票前的准备工作

（1）售票员在客运（票务）值班员处领取各种车票、备用金、发票等，并与相应的《车站售票员配发、回收票款单》上的数量核对无误后，在《车站售票员配发、回收票款单》上签字确认，签字确认完毕后，客运（票务）值班员登录 SC 工作站，进行配发操作，录入数据后，由客运（票务）值班员和售票员双方确认并审核。

（2）售票员在客运（票务）值班员处领取需要使用的钥匙（如票亭大门钥匙、BOM 机以及与 BOM 机套用的钱箱钥匙和抽屉钥匙），并在《票务钥匙使用记录表》上做好登记。

（3）在值班员带领下列队接岗，按照交接班制度要求进行交接班作业。

3. 开窗售票

（1）售票作业前必须使用自己的工号和密码登录。

（2）售票作业时必须执行“一问、二收、三唱、四操作、五找零”的作业标准。

（3）车票在交给乘客之前，必须使用 BOM 进行分析，请乘客通过乘客显示屏或打印单据确认车票有效性。

（4）为乘客发售/充值车票后，随车票配发等额报销凭证、发票。

（5）若车票、备用金不足时，售票员必须及时通知客运（票务）值班员，要求其补充，并在《车站售票员配发、回收票款单》及《客运（票务）值班员交接班记录》等相关台账上注明，做好交接工作。

（6）售票员暂时离岗时必须按规定将票卡、现金上锁，售票系统进入“暂停”作业状态，并提前告知、引导本窗口的排队旅客，否则由此引发的一切不良后果均由离岗者本人承担。

4. 售票结束

（1）售票员交班时（临时顶岗或他人顶班时也要进行此项操作）必须按规定签退，并与接班售票员进行交接，并在《车站票务交接班登记表》上签字确认。

（2）按照结账程序的要求，客运（票务）值班员为售票员结账。

（3）售票员售票结束后，立即携带本班所有现金、车票及各类报表到票务室。

（4）售票员与客运（票务）值班员一起清点所有现金、剩余车票，并将票款总金额、剩余车票张数等信息填在《车站售票员配发、回收票款单》上，核对无误后，由上交售票员本人与收取的客运（票务）值班员签字确认。

（5）客运（票务）值班员检查售票员当班的所有报表是否全部交回且填写正确、完整。

二、车站售票员配发、回收票款单的用途

该报表在客运（票务）值班员给售票员配车票、备用金及中途追加车票、备用金和售票员结账等情况下填写。

三、车站现金管理

动画-车站现金构成

1. 车站现金种类

车站现金分为票款跟备用金两种。

2. 车站现金交接原则

纸币：纸币必须当面清点后签字确认。交接时若发现数目有误，应及时上报值班站长、站长或客运服务部，并调查处理此事。若差额原因无法查明，则所短款项由交班人补足，长款随当天票款上交。

硬币：对加封的硬币交接时，接班人确认加封正确完好后可凭加封数目交接。

3. 客运（票务）值班员之间的现金交接

接班客运（票务）值班员应依据《客运（票务）值班员交接班》上的记录当面清点保险柜中的现金，确认无误后，填写《车站票务交接记录表》。（注：交接时发现有差异由交班人负责；签字确认后由接班人负责）

4. 客运（票务）值班员与售票员之间的交接

售票前的交接：客运（票务）值班员在售票员准备上班前，须对售票员配备一定数额的备用金，双方当面清点后在《车站售票员配发、回收票款单》上签字确认。

结账时的现金交接：客运（票务）值班员与售票员当面清点所收备用金、票款后，双方当面清点后在《车站配发票、款表单》上签字确认，由客运（票务）值班员录入票务系统，经双方当面确认后方可保存。

5. 备用金的概念

备用金指由上级部门配发给车站，专用于乘客兑零、找零、自动售票机补币、与银行兑零等用途的周转资金。

6. 备用金的配发

车站备用金由车站根据客流及其他相关情况提交配备需求，经公司领导批准和财务部审核后，统一配发至车站。各站站长为车站备用金的领用责任人，由客运（票务）值班员负责保管和配发，值班站长对当班备用金的安全负责。

遇大型节假日可根据需要增配临时备用金，由车站根据预计客流情况确定各车站的临时备用金需求量，按规定提前提出申请，经公司领导批准和财务部审核后，统一配发至车站。大客流过后，车站须及时将领用的备用金交还财务部。

四、车站售票员配发、回收票款单的填写方法

➢ 任务实施

以某地铁车站的《车站售票员配发、回收票款单》为例，对其进行说明。

（1）表头填写。

日期：该表填写的实际日期，×年×月×日。

（2）表内相关内容。

① 该报表分为配发、回收两大部分（见表 6.1），即左半部分为配发部分，在售票员领

表 6.1　车站售票员配发、回收票款单

日期：　　年　　月　　日验生活　　　　　　　　　　　　　　　　编号：

班别	配发						回收								
	配发人	单程票	××一卡通	备用金	其他	领取人	单程票		××一卡通		备用金	其他	实收票款	上交人	收取人
							有效	无效	有效	无效					
早班															
	小计														
中班															
	小计														
合计															

取票卡及备用金时填写，右半部分为回收部分，在售票员上交票卡、票款及备用金时填写。早班配发于 6:00 开始运营前填写，早班回收于交班班组于 14:00 后填写，中班配发由接班班组于 14:00 前填写，中班回收于运营结束后 23:00 填写。

② 早班的配发："配发人"栏——早班客运（票务）值班员；"领取人"栏——早班班组内的售票员；"单程票""××一卡通""备用金""其他"栏按照早班实际配发的备用金、单程票、畅通卡及其他种类票卡数量，由早班客运（票务）值班员填写好后，领取人清点确认无误后方可签字确认。

③ 早班的回收：早班要进行结账的售票员携带本班所有的现金、车票（包括废票箱内回收的车票）回票务室将数量自行清点后如实填写在表内对应栏内，其中，"无效单程票"栏即为废票箱内的废票张数；"无效××一卡通"栏为产生的××一卡通废票，"有效"栏均为剩余票卡张数；"备用金"栏与配发的"备用金"栏的金额一致，"实收票款"栏填写售出各类车票的所有票款，即为所有现金减去备用金后的金额。确认无误后，上交售票员签字确认。然后收取人（客运（票务）值班员）清点售票员上交的各种车票的数量、票款、备用金，如果没有差异则签字确认，如果有差异，应及时进行更正。

④ 中班的配发和回收参照上述早班的填写方法如实填写。

注意事项：由于中班售票员结账时是在运营结束后，务必查看票亭是否还有遗留闸机废票未回收，BOM 机是否按规定已关闭，售票亭门窗是否关好。

➢ 评价考核

评价表 6.2

项目名称		学生姓名	
任务名称		总成绩	
评价项目		评价等级	
学习目标	评价内容	小组评价 （A/B/C/D/E）	教师评价 （A/B/C/D/E）
知识目标	掌握售票员工作流程		
	掌握车站现金管理相关规定		
	掌握车站售票员配发、回收票款单的填写方法		
能力目标	能够掌握售票员工作流程		
	能够掌握现金交接、备用金配发的流程		
	能够填写《车站售票员配发、回收票款单》		
素质目标	积极的学习态度		
	任务完成过程中和同学或教师进行充分的交流沟通		
	任务完成过程中的团队协作精神		
教师评语	教师签名：		

任务3 车站BOM操作交接记录表的填写

> 情境导入

当城市轨道车站班组之间进行换班交接班时，售票亭售票员岗位交接班需要填写车站BOM操作交接记录表。

> 任务要求

掌握交接班的相关规定及原则，以及车站票务交接班登记表的填写方法。

> 知识准备

一、车站交接班制度

1. 车站交接班的基本原则

① 清晰、详尽。要做到接班人能从交接记录表中清楚知道上一班发生的重要事务，不要有遗漏。

② 重点突出、主次分明。重要的事情、事务需详尽，一般事务要简明扼要。

③ 有跟进，有落实。上一班交班的事情已完成的或仍需下一班接手的应在交接班记录表上注明情况，包括是否完成或目前处理的进度，或下一班需做出一些怎样的跟进措施。

2. 交接班的注意事项

（1）交接工作本着“交不清不走，听不明不接”的原则进行交接。

（2）交接时接班人需检查相关报表、文件、备品的状态、数量等，在接班中模糊、有疑点的问题要问清楚。

（3）交接时不能出现交接者与接班者在岗上利用交接时间交谈私事、岗上聊天等现象。

（4）完成全部交接后，接班人需要在《车站 BOM 操作交接记录表》签字。

二、车站 BOM 操作交接记录表的填写方法

> 任务实施

以某地铁车站的《车站 BOM 操作交接记录表》（见表 6.2）为例，对其进行说明。

（1）表头填写。

左侧的“日期、BOM 设备号”由交班人如实填写，右侧的“日期、BOM 设备号”由接班人如实填写。

（2）表内相关内容。

① 左侧的“交接项目”的状况由交班人如实填写，在“正常“或“异常”对应方框内划“√”，异常需要备注的，在后方横线处注明。

② 右侧“交接项目”的具体情况由接班人按照上述要求如实填写。

表 6.2　车站 BOM 操作交接记录表

编号：

日期：　　　BOM 设备号：　　　　　　日期：　　　BOM 设备号：

交接项目	备注情况	交接项目	备注情况
BOM 主机及显示器	正常□异常□______	BOM 主机及显示器	正常□异常□______
键盘、鼠标	正常□异常□______	键盘、鼠标	正常□异常□______
闸机钥匙	齐全□异常□______	闸机钥匙	齐全□异常□______
票亭、BOM 设备钥匙	齐全□异常□______	票亭、BOM 设备钥匙	齐全□异常□______
交接时间		交接时间	
交班人签名：	员工号：	交班人签名：	员工号：
接班人签名：	员工号：	接班人签名：	员工号：
备注：		备注：	

③ 交接双方填写交接时间，格式为：××时××分，时间采取24小时制，并亲自签名，注明工号。

④ 如有其他“交接项目”中未涉及的事项，请在备注中填写。

注意事项：在交接时对票亭钥匙、钱箱钥匙、BOM机钥匙、闸机钥匙等一定要检查是否齐全，其他设备是否完好，确认无误后再填写。

➢ 评价考核

评价表 6.3

项目名称		学生姓名	
任务名称		总成绩	
评价项目		评价等级	
学习目标	评价内容	小组评价（A/B/C/D/E）	教师评价（A/B/C/D/E）
知识目标	掌握售票员交接班制度		
	掌握售票员交接班注意事项		
	掌握车站BOM操作交接记录表的填写方法		
能力目标	能够按照交接班制度和注意事项执行交接班作业		
	能够填写《车站BOM操作交接记录表》		
素质目标	积极的学习态度		
	任务完成过程中和同学或教师进行充分的交流沟通		
	任务完成过程中的团队协作精神		
教师评语	教师签名：		

任务4　车站TVM加票、回收、清点记录表的填写

> **情境导入**

城市轨道车站在开始运营前需要对TVM进行加币、加票操作，在运营过程中，如TVM的票卡、找零不足，须中途加币、加票，确保TVM的正常运作；运营结束后，须对TVM进行清空清点操作，对所有的现金、票卡进行回收。在加币、加票、清空、清点操作时，需要按实际情况，准确填写车站TVM加票、回收、清点记录表。

> **任务要求**

掌握车站TVM加票、回收、清点记录表的填写要求、内容及方法。

> **知识准备**

一、TVM补票规定

1. 补票时间

（1）每天车站运营前1小时。

（2）运营期间，在SC上查询TVM售票情况，判断票箱将空时。

（3）运营期间，在TVM的显示屏上显示“车票不足”相关信息时。

（4）车站根据时间情况需要时。

2. 操作要求

（1）TVM的补票工作由客运（票务）值班员与另一名站务员共同负责，执行双人操作规定。

（2）补票操作按照设备操作规程规定的操作步骤进行。

二、TVM补币（硬币）规定

1. 补币时间

（1）每天运营开始前1小时。

（2）运营期间，当SC上TVM设备状态显示找零钱箱将空时。

（3）运营期间，在TVM显示器上显示“找零不足”相关信息时。

（4）车站根据时间情况需求。

2. 操作要求

（1）车站将用于补充找零的一元硬币清点到补币箱。运营期间每天TVM的补币数量可根据客流情况确定，但必须为100的整数倍。纸币模块故障或未投入使用时，可选择补如10的整数倍。

（2）用于补币的硬币必须在票务室的摄像监控状态下由客运（票务）值班员和值班站长双人共同清点和加封。在清点过程中，每台 TVM 的补币清点数量必须在点钞室监控系统下进行读数。

（3）由客运（票务）值班员和值班站长共同负责硬币补币工作。补币的具体操作设备操作规程按规定的操作步骤进行。

三、钱箱清点规定

1. 清点要求

（1）当班客运（票务）值班员和值班站长共同进行钱箱的清点，并共同确认清点结果。

（2）钱箱必须逐一清点，切忌将所有钱箱打开混淆清点。

（3）若清点硬币，点币前需检查硬币清点机内有无遗留硬币（将点币机空转一次）。

（4）纸币清点时，应在摄像监控的安全区域，清点人员将纸币钱箱打开，取出纸币，立即将钱箱上锁。

（5）清点后，将钱箱票款每 100 张同面额票款用扎钞机进行扎钞，不满 100 张的纸币按票面大小顺序排列，所有票面的纸币（放在一起）扎成 1 把。

2. 注意事项

（1）客运（票务）值班员在清点钱箱过程中，非紧急情况不得离开票务室。

（2）清点钱箱时，相应的钱箱、点钞机、硬币清点机必须在摄像监控的安全区域内，整个清点过程中任何人不得遮挡摄像监控。

四、车站 TVM 加票、回收、清点记录表的填写方法

任务实施

以某地铁车站的《车站 TVM 加票、回收、清点记录表》（见表 6.3）为例，对其进行说明。

车站 TVM 加票、回收、清点记录表分为“TVM 加票、补币”（左半部分）和“TVM 更换、清点”（右半部分）两部分，分别在加票、补币操作和更换、清点时照实填写。

1. 表头填写

日期：由早班当班人员填写当天日期。

2. 表内相关内容

（1）TVM 加票、补币部分。

① “时间”栏采用 24 时制填写。

② “设备编号”栏填写所操作的 TVM 的设备编号。

③ “补币金额”“加票数量”栏记录当天早上运营开始时，票务员对 TVM 的初始补币、加票的实际金额和数量；当天运营过程中某台 TVM 出现无零钱找零或者缺票状态时，补币和加票的实际金额和数量。

④ 对 TVM 进行加票、补币、更换、清点操作时，须执行双人操作规定，“客运（票务）值班员签名”“审核人签字”栏由执行操作的两名人员签名。

表 6.3　车站 TVM 加票、回收、清点记录表

编号：

日期：　　年　　月　　日

TVM 加票、补币						TVM 更换、清点										
时间	设备编号	补币金额	加票数量	客运（票务）值班员签名	审核人签字	时间	设备编号	票卡机读数量	票卡实点数量	差异额	现金机读数		现金实点数		差异额	客运（票务）值班员签名	审核人签字
											纸币	硬币	纸币	硬币			

（2）TVM 更换、清点部分。

① “时间”栏采用 24 时制填写。

② “设备编号”栏填写所操作的 TVM 的设备编号。

③ “票卡机读数量”栏填写对 TVM 进行清空清点时通过查询功能所查询的票卡数量（或 TVM 机打小票上所显示的数量）。

④ “票卡实点数量”栏填写对票卡进行人工或点卡机进行清点的实际数量。

⑤ 如票卡机读数量和票卡实点数量不一致，“差异额”栏填写其差额。

⑥ “现金机读数”栏填写对 TVM 进行清空清点时通过查询功能所查询的纸币钱箱和硬币钱箱的金额（或 TVM 机打小票上所显示的金额）。

⑦ “现金实点数”栏填写对纸币和硬币进行人工或点钞机进行清点的实际金额。

⑧ 如现金机读数和现金实点数不一致，“差异额”栏填写其差额.

⑨ 对 TVM 进行加票、补币、更换、清点操作时，须执行双人操作规定，“客运（票务）值班员签名”“审核人签字”栏由执行操作的两名人员签名。

注意事项：受班组管理影响，同一张表中，不同时间和事件对应的票务员和审核人有所不同，当事人应如实填写。

➢ 评价考核

评价表 6.4

项目名称		学生姓名	
任务名称		总成绩	
评价项目		评价等级	
学习目标	评价内容	小组评价（A/B/C/D/E）	教师评价（A/B/C/D/E）
知识目标	掌握 TVM 补票、补币规定		
	掌握 TVM 钱箱清点规定		
	掌握车站 TVM 加票、回收、清点记录表的填写方法		
能力目标	能够执行 TVM 补票、补币作业		
	能够执行 TVM 回收清点作业		
	能够填写《车站 TVM 加票、回收、清点记录表》		
素质目标	积极的学习态度		
	任务完成过程中和同学或教师进行充分的交流沟通		
	任务完成过程中的团队协作精神		
教师评语	教师签名：		

任务 5　车站售、存票日报的填写

➢ 情境导入

城市轨道交通车站每日对车票的发售、调入以及结存数量进行统计，并形成《车站售、存日报》，为票卡的统计、分析提供依据。

➢ 任务要求

掌握车站售、存日报的填写要求、内容和方法。

➢ 知识准备

一、车票的领用

各客运分公司票务管理室根据客流变化情况及单程票的周转情况提出领用需求，客运公司根据分公司提出的需求，进行数量调配及新票下发；客运分公司票务管理室根据各车站提出领用申请，为车站配发或站间调配车票，同时办理配票手续。领用原则：领用车票时须当面清点车票的数量，确认无误后双方签字确认，并及时录入系统。

二、车票的发售

车票发售必须遵循“一收、二唱、三取、四验、五找”的作业流程，各种车票由车站统一发售。乘客如索取发票，车站应予以提供，并于运营结束后完成各类台账。

三、车票的回收

（1）回收闸机必须严格按规定双人操作，如实填写《车站闸机回收车票记录表》。各车站根据相关规定对票卡进行回收、清分、汇总，并填写《车票上交单》，按要求将无效票分类上交。

（2）分公司票务室负责对车站上交的无效票进行清点审核并汇总，汇总后填写《车票上交单》，分公司票务管理室于每月将无效票上交到上级部门。

（3）客运分公司票务管理室根据车站客流情况对有效票进行回收调配。

（4）每个自然月最后一天，车站必须将所有无效票和闸机里的单程票回收入库。

四、车票调配

站间调配车票时，车站客运（票务）值班员或值班站长需签字确认，并及时录入 AFC 系统，在当日报表中做好记录。客运公司车票管理员可根据各条线路客流情况对线路车票进行合理调配，并开具《票卡入库单》或《票卡出库单》，客运公司车票管理员负责将数据录入 ACC 系统内，分公司票务管理室负责将数据录入 LC 系统内，并在当月报表内注明清楚。

五、车站售、存日报的填写方法

➢ 任务实施

以某地铁车站的《车站售、存日报》为例（见表 6.4），对其进行说明。

表 6.4　车站售、存票日报

编号：

填表车站：　　　　　　　　　　　　年　　月　　日

项目 票种	上日结存数	调入数	闸机回收	退票数	TVM废票	BOM废票	闸机废票	小计	售出数		调出数	上交废票数	小计	本日结存
									BOM	TVM				
单程票					/	/								
单程票（无效）														
合计														

制表人：　　　　　　　　　　　　审核人：

车站票务员每天必须填写，用于反映车站的票卡库存和使用情况。

（1）“填表车站”栏填写×号线××车站。“年月日”栏填写当天的日期。

（2）“票种”栏填写票卡种类名称，如单程票、单程票（无效）、畅通卡、畅通卡（无效）、2元、3元、4元、5元、6元的预制票、2元应急票等。

（3）“上日结存数”栏填写上日运营结束后车站内对应票种的数量。

（4）“调入数”栏如本日车站有调票进站，则在对应票种填写该数量。

（5）“闸机回收”栏填写本日运营结束后从闸机中回收的有效票卡数量。

（6）“退票数”栏如果本日有退票，则在对应票种处填写数量。

（7）“TVM废票”栏填写运营结束后，从闸机回收的当天的废票总数。

（8）“BOM废票”栏填写运营结束后，当天产生的BOM废票总数。

（9）“闸机废票”栏填写运营结束后，当天产生的闸机废票总数。

（10）“小计”栏填写方法：“单程票”栏小计＝闸机回收数＋闸机废票数之和；“单程票（无效）”栏小计＝TVM废票＋BOM废票＋闸机废票。

（11）“售出数”栏分别填写当天BOM和TVM的售票数量。

（12）“调出数”栏如当天车站有车票调出，则在对应票种处填写数量。

（13）“上交废票数”栏填写当天向票务管理室上交的废票数量。

（14）“小计”栏＝售出数＋调出数＋上交废票数。

（15）“本日结存”栏填写票务员清点库存后得到的车站内各个票种的实际库存数量，或“本日结存”＝上日结存数＋前“小计”－后“小计”

（16）制表人：填写该表的客运（票务）值班员签字。

（17）审核人：当天当班的值班站长签字。

➢ 评价考核

评价表6.5

<table>
<tr><td>项目名称</td><td></td><td>学生姓名</td><td></td></tr>
<tr><td>任务名称</td><td></td><td>总成绩</td><td></td></tr>
<tr><td colspan="2">评价项目</td><td colspan="2">评价等级</td></tr>
<tr><td>学习目标</td><td>评价内容</td><td>小组评价
（A/B/C/D/E）</td><td>教师评价
（A/B/C/D/E）</td></tr>
<tr><td rowspan="2">知识目标</td><td>掌握车票的领取、使用、回收和调配程序</td><td></td><td></td></tr>
<tr><td>掌握车站售、存日报的填写方法</td><td></td><td></td></tr>
<tr><td rowspan="2">能力目标</td><td>能够执行车票的领取、使用、回收和调配工作</td><td></td><td></td></tr>
<tr><td>能够填写《车站售、存日报》</td><td></td><td></td></tr>
</table>

续表

学习目标	评价内容	小组评价（A/B/C/D/E）	教师评价（A/B/C/D/E）
素质目标	积极的学习态度		
	任务完成过程中和同学或教师进行充分的交流沟通		
	任务完成过程中的团队协作精神		
教师评语	教师签名：		

任务6　乘客事务处理单的填写

➢ 情境导入

当乘客票卡发生异常情况，当天不能解决时，须填制《×××地铁公司乘客事务处理单》，乘客在规定日期内凭《×××地铁公司乘客事务处理凭据》到车站办理。

➢ 任务要求

掌握乘客事务处理单的填写要求、内容和方法及使用要求。

➢ 知识准备

一、开具乘客事务处理单的几种情况

（1）车票损坏或遗失：乘客在付费区内遗失车票或人为损坏车票，需按线网最高票价另交全额车费，填写《×××地铁公司乘客事务处理单》，并请乘客签字确认，副联由乘客保管，如乘客找到票卡，凭此联退还所补票价。

（2）BOM、TVM 售出无效赋值票卡时：在进站车站的售票亭进行等面额换卡，售票员填写《×××地铁公司乘客事务处理单》，由客运（票务）值班员进行确认后操作行政退款，并及时将处理单上交票务管理室。

（3）列车故障时的退票处理：非当日当时退票，列车故障退票有效期为7天，须填写《×××地铁公司乘客事务处理单》，进行行政退款，且所退票卡不能立即售卖，而是作为无效票随同《×××地铁公司乘客事务处理单》上交客运（票务）值班员，由客运（票务）值班员录入到票务系统中并在备注栏标明退卡张数，以便同手工报表核对。

二、开具乘客事务处理单的注意事项

（1）“乘客事务处理凭据”的相关内容填写要求同“乘客事务处理单”填写要求相同，特别强调发生“××事务”必须同乘客事务处理单中“事务类型”文字内容一致。

（2）“乘客事务处理凭据”必须是在当日当时无法为乘客及时处理的情况下才进行填写，填写完成后将其撕给乘客，并主动提醒乘客届时需携带凭据到站进行处理。待乘客持该凭据处理完相关事务后，车站将凭据进行回收。

（3）若乘客未携带“乘客事务处理凭据”，可凭身份证进行处理，凭身份证处理时，需要求乘客手工拟写收据一份，避免二次退款。

（4）若当日当时已处理好票卡异常，则不需填写“乘客事务处理凭据”，但必须在“凭据联”画斜线处理。

动画–乘客事务处理单的填写

三、乘客事物处理单的填写方法

➢ 任务实施

以某地铁车站的《×××地铁公司乘客事务处理单》为例，对其进行说明。

（1）票卡表面号：根据票卡表面的编号进行填写，有多少位填写多少位。

（2）票卡验卡号：指通过AFC设备验卡读出的卡号，一般为九位。若票卡无法验出卡号，则该项不填。

（3）乘客事务类型：根据受理业务的类型在相应的方形空格中打钩。“扣费异常”包含未享受换乘优惠的情况。

（4）身份证号码：乘客的身份证号码。填写该项是为避免《乘客处理凭据》丢失，可凭身份证进行相应的处理，凭身份证处理时，需要求乘客手工拟写收据一份，避免二次退款。

（5）经办人姓名：操作员工姓名。工号：操作员的员工证卡号。

（6）票务员姓名：当班票务员签字。工号：当班票务员的员工证卡号（未配置票务员的车站，由值班站长负责填写）。

（7）备注：受理的业务中若选择了“其他”项需手工在“备注栏”备注清楚原因，此外若选择TVM发生少找零、扣费异常等，需备注设备编号等信息。

×××地铁公司乘客事务处理单

编号：　　　　NO 0000000

经办车站：________号线__________站　　经办日期：______年____月___日

票卡表面号：______________________　　票卡验卡号：______________________

乘客事务类型：

1. TVM 少找零 □　　2. 单程票损坏 □　　3. 列车故障非当日当时退票 □

4. 扣费异常 □　　5. 单程票遗失 □　　6. BOM、TVM 售出无效票 □

7. 充值异常 □　　8. 纪念票异常 □　　9. 其他（详见备注） □

乘客姓名：________________________联系方式：______________________________

身份证号码：

经办人姓名：______________________工号：_________________________________

票务员姓名：______________________工号：_________________________________

备注：____

×××地铁公司乘客事务处理凭据

NO 0000000

______________（乘客）于_______年____月____日在___号线________________车站发生___________________事务，工作人员已按规定及时进行登记，待情况查实后，我们将第一时间通知您持凭据前来处理。请您妥善保管此凭据，感谢您的支持与配合。

票卡表面号：_______________________________________

票卡验卡号：_______________________________________

乘客姓名：_______________联系方式：_______________

经办人姓名：_____________工号：____________________

经办日期：______________年__________月__________日

备注：____

➢ 评价考核

评价表 6.6

<table>
<tr><td>项目名称</td><td></td><td>学生姓名</td><td></td></tr>
<tr><td>任务名称</td><td></td><td>总成绩</td><td></td></tr>
<tr><td colspan="2">评价项目</td><td colspan="2">评价等级</td></tr>
<tr><td>学习目标</td><td>评价内容</td><td>小组评价
（A/B/C/D/E）</td><td>教师评价
（A/B/C/D/E）</td></tr>
<tr><td rowspan="2">知识目标</td><td>掌握开具乘客事物处理单的几种情况及其注意事项</td><td></td><td></td></tr>
<tr><td>掌握填写乘客事物处理单的方法</td><td></td><td></td></tr>
<tr><td rowspan="2">能力目标</td><td>清楚哪些情况需要开具乘客事物处理单，以及相关注意事项</td><td></td><td></td></tr>
<tr><td>能够填写《乘客事物处理单》</td><td></td><td></td></tr>
<tr><td rowspan="3">素质目标</td><td>积极的学习态度</td><td></td><td></td></tr>
<tr><td>任务完成过程中和同学或教师进行充分的交流沟通</td><td></td><td></td></tr>
<tr><td>任务完成过程中的团队协作精神</td><td></td><td></td></tr>
<tr><td>教师评语</td><td colspan="3">教师签名：</td></tr>
</table>

任务 7 车站营收日报的填写

➢ 情境导入

票款作为城市轨道车站的主要现金种类，同时也是各地铁公司主要营收来源，在进行票款的保管、运送、上交和交接等过程中，都要严格执行相关规定，各地铁车站每日须把票款交予银行。《营收日报》是关于各项票款收入的一类报表，主要反映车站各项票款收入情况。

➢ 任务要求

掌握车站营收日报的填写要求、内容和方法。

➢ 知识准备

一、现金、钱袋、信封加封规定

（1）现金的加封。

车站当日需解行的票款、兑零款由客运（票务）值班员和值班站长在监控仪下清点、加封及完成相关单据的填写，其他所有现金的加封均需双人负责加封。现金可用钱袋、信封、砂纸、橡皮筋加封，加封后必须保证一经破封无法复原。

（2）钱袋加封。

加封前，先在封条上注明加封金额、加封车站、加封人和加封日期。加封时，将钱袋口用绳子缠绕扎紧后再用封条缠绕加封。纸币需用钱袋加封时，应先用砂纸加封或信封加封后再放入钱袋内加封。

（3）信封加封。

加封前，先在票务信封的正面注明加封金额、加封车站、加封人、加封日期。加封时，先将信封口封住，再用封条将信封背面的接缝处封住，最后在信封背面封条骑缝处及封面上盖章。信封可加封纸币和票据，加封纸币仅限于对同一面额不足 100 张的，按面额大小归整后放入信封内进行加封。

（4）砂纸加封。

加封前，在封条上注明加封金额、加封车站、加封人、加封日期。加封时，用封条缠绕归整后的纸币中部加封。用于“打包返纳”的纸币，同一面额每满 100 张需用砂纸加封，并在封条上注明加封人。

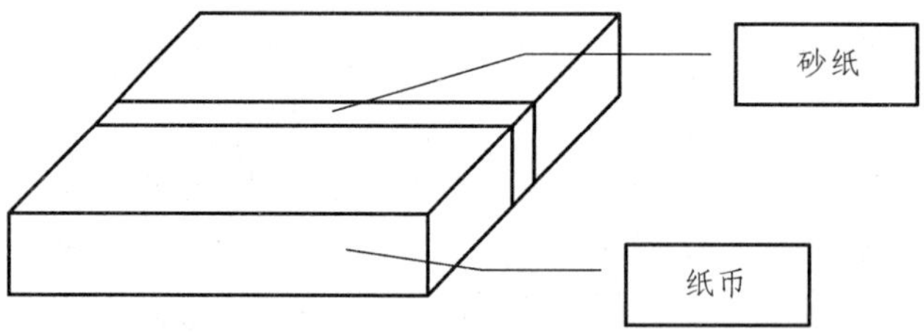

图 6.1　砂纸加封示意图

二、票款解行

（1）车站现金流转流程。

图 6.2　车站现金流程图

（2）票款解行操作程序。

① 车站客运（票务）值班员或值班站长将票款和《现金缴款单》放入专用包中封装，加封后及时交到银行收款点；

② 由银行职员到收款点进行收取；

③ 车站交包人应按规定填写《车站票款收入交接登记用表》，交由收包人确认；

④ 银行职员上门收取解行包时，交包人应仔细核对身份、确认无误后方可进行交接，双方必须签字确认解行包数量、封铅是否完整。

⑤ 如发现车站票款或备用金违规使用现象，严格按照挪用公款进行处罚，情节严重者，依法追究其法律责任。

（3）票款解行相关规定。

① 每日票款收入要及时解行，不得截留，车站客运（票务）值班员或值班站长将《现金缴款单》的交款金额录入到票务系统中，且解行金额应与实际解行金额一致。

② 若解行金额与实际解行金额不相符时，应及时查找原因，上报票务管理室。

③ 解行时间：按每个地铁公司的具体规定时间执行（如有的地铁公司规定在每日 16:00 前完成当天的解行工作）。

④ 解行负责人：车站客运（票务）值班员或者值班站长，添乘列车司机/车长室。

⑤ 解行地点：在银行指定收款点。

三、现金运送规定

（1）现金运送过程，应严格执行操作规程，做到手续严密、行动保密、通讯畅通，随行保安或特勤需携带相关安全防范装备，具有风险防范意识，具备处理突发事件的能力，确保现金安全。

（2）车站票款解行过程，客运（票务）值班员须在 1 名员工（或特勤）的陪同下，添乘司机室，将票款运送至指定车站票务室。在票务室至司机室的途中，所有运送票款人员须保证在车站监控范围内。

（3）1 名客运（票务）值班员携带的解行包原则上不能超过 4 个。

（4）自然站到指定地点兑换零钞时，需由车站客运（票务）值班员保管现金，值班站长安排至少 1 名员工陪同，乘坐轨道交通列车到指定地点换取零钞。在兑零过程中，应保证所有运送人员在车站监控范围内。

（5）负责运送现金的人员在运送途中，不得离开所运现金，随时准备应付突发事件。

四、车站营收日报的填写方法

任务实施

以某地铁车站的《车站营收日报》为例（见表 6.5），对其进行说明。

（1）表头填写。

①“车站”栏填写×号线××车站。

②“日期”栏该表填写的实际日期，×年×月×日。

表 6.5　车站营收日报

编号：

车站：　　　　　　　　　　　　　　　　　　　　　年　　月　　日

班别	售票员姓名	单程票	预制票发售									2元应急纸票发售		实收总金额	TVM		
		BOM机废票量	2元数量	3元数量	4元数量	5元数量	6元数量	7元数量	8元数量	9元数量	预制票总金额	数量	金额		机号	TVM废票数	TVM实收金额
早班																	
小计																	
中班																	
小计																	
合计																	

本日BOM销售总金额		上日中班过夜票款
TVM销售总金额		本日早班上交票款
本日短款补款		本日解行金额
实收总金额		本日中班过夜票款
上日解行金额		
备注		

制表人：　　　　　　　　　　　　　　　　　　　　审核人：

（2）表内相关内容的填写。

①“售票员姓名”栏如实填写当班售票员姓名。本报表中按“早班”“中班”的实际情况填写，如采取前面所描述的班制进行填写，一般在同一天的报表记录中，早班、中班分别为两个不同的班组。

②“BOM机废票量”栏填写该售票员在整个早班或中班过程中，所操作的BOM机产生的废票数量。

③“预制票发售”栏填写对应金额的预制票的发售张数。

④“预制票总金额”栏填写发售预制票的总票款金额。

⑤“2元应急纸票发售”栏填写2元应急票的发售数量及金额。

⑥“实收总金额”栏填写该售票员在该班次中发售车票、预制票和应急纸票的所有票款金额。

⑦“TVM”栏分别对应填写每台TVM机的机号、废票数量和实收金额。

⑧“本日BOM销售总金额”栏填写当天早班和中班售票员的票款总收入，金额应等于“实收总金额的合计”。

⑨“TVM销售总金额”栏填写当天运营结束后，对TVM清点后实际的票款金额，应等于左侧“TVM实收金额”的合计。

⑩“本日短款补款”栏填写如果当日收缴了售票员上月的短款补款，应如实记录收缴数额。

“实收总金额”栏＝“本日BOM销售总金额”＋“TVM销售总金额”＋“本日短款补款”。

“上日中班过夜票款”栏填写上一日全天的票款，应该和“本日解行金额”一致。

“本日早班上交票款”栏填写本日早班的售票员结算后的实际票款，应等于“早班所有售票员实收总金额的小计数”。

“本日中班过夜票款”栏填写本日运营结束后所得的本日的全部票款。

“上日解行金额”栏填写前天一天的票款合计。

注：① 表中人民币金额的填写一律采用“人民币符号¥＋金额”的格式，数字后添加斜杠，避免被涂改。如：1230元，记为：¥1230./。

② 空白处应用黑色钢笔或中性笔以斜线“/”划去。

③ 中班票务员负责填写TVM及右侧两列票款相关的数据。

➢ 评价考核

评价表6.7

项目名称		学生姓名	
任务名称		总成绩	
评价项目		评价等级	
学习目标	评价内容	小组评价（A/B/C/D/E）	教师评价（A/B/C/D/E）
知识目标	掌握现金、钱袋、信封的加封方法		
	掌握票款解行的相关规定及流程		
	掌握现金的运送规定		
	掌握填写车站营收日报的方法		

续表

学习目标	评价内容	小组评价（A/B/C/D/E）	教师评价（A/B/C/D/E）
能力目标	会加封现金、钱袋、信封		
	会对票款进行解行		
	能够掌握现金运送的规定		
	能够填写《车站营收日报》		
素质目标	积极的学习态度		
	任务完成过程中和同学或教师进行充分的交流沟通		
	任务完成过程中的团队协作精神		
教师评语	教师签名：		

任务8 售票员结算及短款处理

➢ 情境导入

每日运营结束后、每班结束交班时，售票员完成其售票、补票、退票等业务并填写相关报表，交予客运（票务）值班员，售票员、客运（票务）值班员共同清点完成后，完成相关报表，并确认签字，由客运（票务）值班员按规定完成解行、上交等工作。

➢ 任务要求

掌握轨道交通售票员下班上交票款操作程序，了解城市轨道交通两种典型的票务结算模式，掌握售票员结算的一般流程及长短款处理方法。

➢ 知识准备

一、售票员下班上交票款操作

1. 售票员结算录入操作

（1）点击菜单项[票款管理]－[售票员下班上交票款]，弹出[售票员下班上交票款]主界面。默认查询当前系统时间的前一天到后一天的数据，显示在数据列表中。当没有查询到数据时，数据列表为空。可用过高级查询查询到历史记录。

（2）点击<工具条>上的<增加>按钮，弹出<售票员下班上交票款编辑窗体>，<售票员工号>：用户在下拉列表中选择，<备注>：用户手工录入。

（3）点击<插行>按钮，可在列表中增加一条明细。明细数据包括：票卡属性、票卡状态、仓库、截止有效期、箱号等。

（4）点击<删行>按钮，可删除一条明细数据。

（5）录入数据完毕后，点击<保存>按钮，将新增售票员下班上交票款记录保存在数据库中，新增记录的状态为“正常”。

（6）保存一条记录完毕后，可点击<增加>按钮，继续增加售票员下班上交票款记录。

（7）点击<预览>按钮，弹出当前单记录打印预览窗口。

（8）点击<打印>按钮，打印当前单记录。

（9）点击<退出>按钮，返回[售票员下班上交票款]主界面。

2. 售票员修改上交款记录操作

（1）单击选择<售票员下班上交票款记录>中任一条状态为“正常”的记录，再点击<工具条>上的<修改>按钮，可弹出<售票员下班上交票款编辑窗体>，对选择的记录进行修改操作，并将选择的数据显示在<售票员下班上交票款编辑窗体>中，当用户对数据做了修改时，<保存>按钮方可使用，修改完毕，点击<保存>按钮，可将修改后的数据保存在数据库中。

（2）点击<预览>按钮，弹出当前单据打印预览窗口。

（3）点击<打印>按钮，打印当前单据。

（4）点击<退出>按钮，返回[售票员下班上交票款]主界面。

说明：只有状态为“正常”的记录才可以做修改操作。

3. 售票员编辑上交款记录操作

（1）双击选择<售票员下班上交票款记录>中任一条数据，可弹出<售票员下班上交票款编辑窗体>，对选择的记录进行多种操作，并将选择的数据显示在<售票员下班上交票款编辑窗体>中。

操作一：当该单据的状态为<正常>时，可对该单据做修改操作。

当用户对数据做了修改时，<保存>按钮方可使用，修改完毕，点击<保存>按钮，可将修改后的数据保存在数据库中。

操作二：可对当前单据做<审核>操作。点击<审核>按钮完成该操作，单据状态为“审核”。

操作三：可对当前单据做<作废>操作。点击<作废>按钮完成该操作，单据状态为“作废”。

操作四：点击<预览>按钮，弹出当前单据打印预览窗口。

操作五：点击<打印>按钮，打印当前单据。

（2）点击<退出>按钮，返回[售票员下班上交票款]主界面。

二、票务结算原则

（1）车站售票员当班期间进行的所有业务操作合并在一起进行结算。

（2）轨道交通代理一卡通售卡或充值业务的收入应定期由财务部门划账给一卡通公司，按双方确认的系统对账数据进行确认。

（3）一卡通公司应付给轨道交通的一卡通消费额应定期由一卡通公司划给轨道交通财务部门，按双方确认的系统对账数据进行确认。

（4）纸票和预制票按结算时填写的发售张数进行结算。

（5）每次结算涉及的长款上交，短款自负。

三、票务结算模式

目前，国内地铁典型的两种结算模式为即时结算和后台结算。即时结算：操作员在班次结束或者运营结束时可在 BOM 上进行结算操作。当操作员退出操作时，BOM 统计该操作员自上次结算到本次结算间的全部业务数据并上传至 SC 票务工作站，打印结算单据，售票员在交班时即可进行长短款的缴纳。

后台结算：售票员在当班结束后由车站客运值班员为其进行实收金额的结算，AFC 设备统计的收益数据作为售票员的应收金额，售票员的应收金额与实收金额由票务部进行核对与分析。

两种结算模式的根本区别在于，交班时是否立刻进行应收与实收的结算，售票员交班时是否即刻得到长短款信息。后台结算的优点在于：售票员上缴实收票款时不知道自己的应收款数额，有效杜绝了私拿长款的情况，减少了此类票务事故的发生。它通过售票员实收金额与 AFC 设备统计的应收金额进行对比，人工分析，对大额的长短款查找原因、追究责任。

四、一般票务结算流程

（1）确定应收金额的结算依据。

应收金额中操作 BOM 设备产生的收益数据，以运营公司认可的设备报表（或数据）为结算依据。系统硬盘损坏或其他设备原因导致结算数据丢失，无法提供可据以结算的结算数据时，AFC 技术部门需出具相关售票员结算数据无法提供的书面证明，线路级票务管理部门对相关售票员暂不进行结算。

（2）确定实收金额的结算依据。

实收金额以原始报表中车站填写的售票员实收总金额为结算依据。

（3）对售票员进行结算。

线路级票务管理部门根据上述应收金额和实收金额，通过核对，计算出售票员长短款。售票员长短款 = 实收金额 – 应收金额。

每次结算涉及的售票员长短款实行“长款上交，短款自负”的原则。

五、特殊情况时的结算

（1）BOM 设备报表（或数据）异常时的结算。

对核对、结算过程中发现的 BOM 设备报表（或数据）异常，线路级票务管理部门先核查 BOM 后台数据，若能核查清楚，以核查进度为准进行结算；若无法核查清楚，线路级票务管理部门将情况反馈给 AFC 技术部门，并以 AFC 技术部门回复为结算依据。

（2）交接不清时的结算。

交接不清是指售票员交接班时，交班售票员未及时退出 BOM，接班售票员错误使用交班售票员用户和密码进行操作，或售票员发现车票、现金出现交接错误的情况。

交接不清时合并结算的处理原则有两个：

① 对于及时发现的交接不清，由车站值班站长在双方的《售票员结算单》中均进行备注。

② 对于非及时发现的交接不清由客运部出具调查结果。

对于以下两种情况的交接不清才用划拨调账号分别进行结算：

① 车站值班站长在《售票员结算单》中已进行备注的。

② 客运部调查结果中已注明交接不清涉及车票张数/现金金额的。

其他情况相关当事人合并结算，合并结算单款由相关当事人平均共同承担。

六、售票员短款的处理

车站收到线路级票务管理部门下发的《售票员短款确认通知书》后，对于有疑义的短款，当事人可在规定时间内到票务部线路及票务管理部门进行核查，否则，线路级票务管理部门将下发《售票员补款通知书》，当事人须在客运部收到通知书后规定时间内将短款解行。

七、原补交短款与实际补短款不符的处理

（1）补交短款流程。

票务管理室对车站上交的报表审核后，认定实际短款金额与原补款金额不一致的，若审核后的短款金额大于售票员实际补交短款金额，由客运部另行下发《补款通知书》，车站在《补款通知书》中规定的时间补款。

（2）退款流程。

若审核后的短款金额小于原补款金额的，由客运部另行下发《补款更正通知书》。客运部将审批后的《补款更正通知书》提交财务部后，由财务部通知车务中心办理退款事宜。

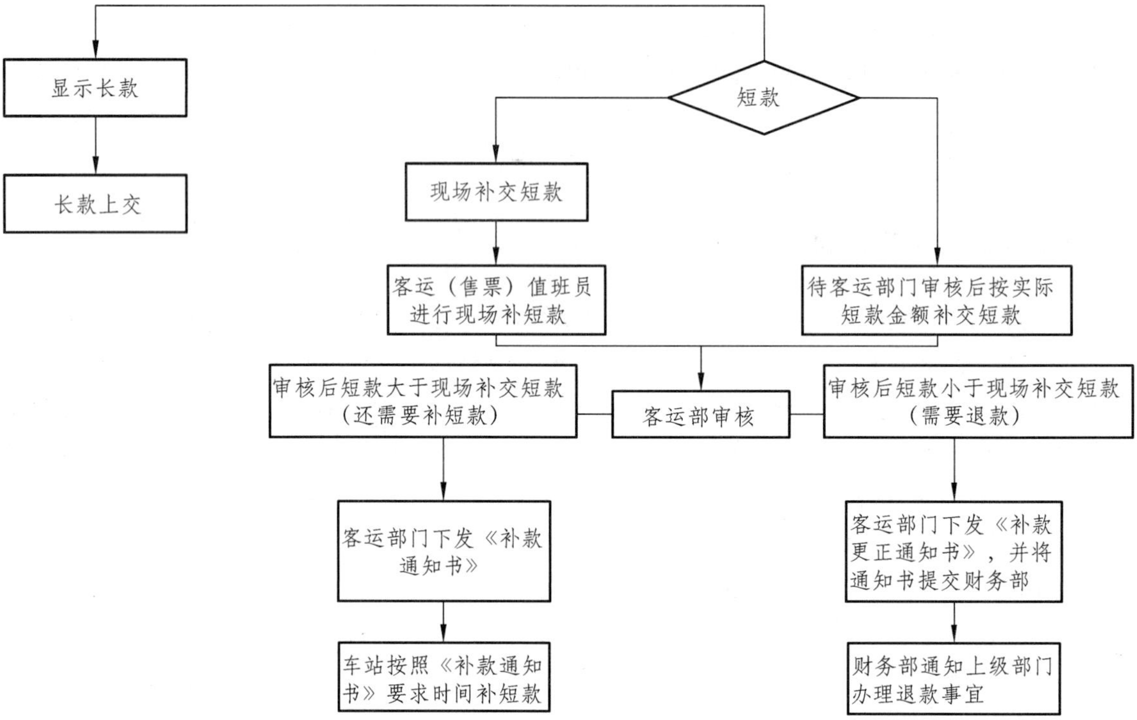

图 6.3　车站“现场补短款”操作流程图

➢ 任务实施

某地铁公司车站售票员的结算流程如下：

（1）售票员操作流程。

① 运营结束后或交班时，售票员回收所有未售完的单程票、××一卡通、废票以及所有现金，如果是交班，还需填写《车站 BOM 操作交接记录表》。

② 售票员持回收的所有票卡、现金到达票务室，清点各类票卡数量和现金金额，交给客运（票务）值班员。

③《乘客事务处理单》中填写涉及乘客事务的处理情况（如车站 TVM 发生少找零给乘客的事件，车站进行相应处理，在《乘客事务处理单》上记录发生故障的设备号和少找零的金额、车站退还乘客的金额）。

（2）客运（票务）值班员为售票员结账。

① 车站客运值班员给售票员结账，两人共同清点票卡（包括无效票）、票款金额、备用金金额。

② 确认无误后，由客运（票务）值班员填写《售票员配发、回收票款单》，然后录入电脑，票务员眼看手指口呼，售票员确认、审核。

票务管理部门核算，售票员长短款上交、补缴流程。

① 票务管理部门对各站客运（票务）值班员录入电脑的数据进行接收、核对，于次日 3:00 生成相关数据（包括每台 BOM、每个售票员的票卡售卖张数及票款收入金额）。

② 客运（票务）值班员次日开始运营后，在 SC 上查询每个售票员的票卡、票款数据，确认长短款情况。

③ 票务管理部门下发《补款通知书》，车站当事人按《补款通知书》上的金额在规定的时间内补缴，并与补缴当日的营收一起解行。

➢ 评价考核

评价表 6.8

项目名称		学生姓名	
任务名称		总成绩	
评价项目		评价等级	
学习目标	评价内容	小组评价（A/B/C/D/E）	教师评价（A/B/C/D/E）
知识目标	掌握售票员上交票款的具体操作方法及程序		
	掌握票务结算的流程		
	掌握特殊情况叫的结算流程		
	掌握短款时的操作流程		
能力目标	会进行售票结束后上交票款的操作		
	会进行正在情况及特殊情况下的结算		
	会进行短款时的操作		
素质目标	积极的学习态度		
	任务完成过程中和同学或教师进行充分的交流沟通		
	任务完成过程中的团队协作精神		
教师评语	教师签名：		

项目 7　票务清分管理

➢ 项目导学

票务清分系统位于整个轨道交通路网系统顶端，随着城市公共交通“一卡通”的快速发展及广泛使用，其地位也越来越重要，票务清分系统方案是关系到城市轨道交通网络中各运营主体按其运营贡献进行运营收益分配是否科学、合理的直接因素，本项目系统阐述票务清分的影响因素、原则及清分方案，重点对各种清分方案进行详细讲解，掌握其具体清分方法。

➢ 知识目标

1. 掌握票务清分结算的概念及其规则。
2. 了解票款清分的影响因素。
3. 了解票款清分的几种主要方法。

➢ 能力目标

1. 了解城市轨道交通企业的票务清分流程及原则。
2. 了解票务清分的几种主要方法。

➢ 素质目标

1. 培养学生自主学习的能力和积极的态度。
2. 培养学生善于分析问题和主动思考的职业素养。
3. 培养学生团队协作的精神。

任务 1　城市轨道交通票务清分概述

➢ 情境导入

➢ 任务要求

掌握轨道交通票务收入清分的概念、票务收入清分的基本体制。

➢ 知识准备

动画－票务清分系统

一、票务清分的发展背景

城市轨道交通具有运行速度快、客运量大、环境污染小、运营安全度高且准时性好等优点，也面临建设项目造价高、工期长，并在建设过程中可能需要巨额的拆迁补偿的现实。因此，在大力推动轨道交通网络化建设的同时，也必须解决单靠政府投资或单一企业投资难以承担其巨额建设费用的问题。由此，轨道交通成网建设可能涉及多个投资主体及运营商，因而，轨道交通出行所产生的票款要在各运营商间进行分配。

二、票务清分的概念

（1）清分也叫清算，指清算中心 ACC 按照一定的清分规则将合法交易数据对应的资金进行清分，并将清分的结果详细列示出来。

（2）票务清分是指把服务接受者上缴的全部收益，按照各服务提供者的贡献进行有效的利益分配，实质上是依据一定原则计算并分配轨道线网中各运营实体的经济贡献，关键是定制相对合理的清分原则。

（3）清分模型由清分主体、清分原则和清分比例三大要素组成。

① 清分主体：为收益分配的主体。常见的清分主体有运营主体、线路主体、区域主体和发卡主体四类。目前国内的主流是按线路进行清分，然后按线路所属运营企业进行清算。

② 清分原则：为路径选择原则。即如何确定乘客选择的乘车路径，常见的清分原则有路径最短原则、时间最少原则、换乘最少原则等。

③ 清分比例：为各清分主体的收益分配比例。当按清分原则确定成交路径后，就需量化路径中每个清分主体所提供的运营服务质量，然后根据“多劳多得”原则进行收益分配。

三、影响清分因素和原则

1. 影响清分的因素

影响清分的因素主要可以分为四类，即乘客本身因素、乘客出行特征因素、城市轨道交通网络因素以及运营企业管理因素。

（1）乘客本身因素。

乘客本身因素包括年龄、职业、收入水平。

年龄：通常年龄较大的乘客由于身体原因，在路径的选择过程中更希望选择换乘次数少且乘坐方便舒适的路径。

职业：职业因素对乘客路径选择具有一定影响，一般情况下，离退休人员更希望选择换乘次数少且方便舒适的出行路径，这与年龄因素的影响是一致的。另外，学生和工薪阶层更倾向于选择出行时间最少的路径。

收入水平：通常随着收入水平的提高，乘客对于方便、舒适和安全等方面的要求更高，因此，对于收入较高的乘客来说，在其路径选择中，更希望选择换乘次数少且方便舒适的路径。

（2）乘客出行特征因素。

乘客出行特征因素包括出行距离、出行目的、出行时段。

出行距离：指乘客一次城市轨道交通的出行距离。通常，不同的出行距离对乘客选择路径具有一定影响。例如对于长距离的出行，乘客一般希望能够通过换乘来节省总的出行时间；而对于短距离出行来说，乘客一般都不希望换乘。

出行目的：不同出行目的的乘客对路径选择也是不同的，例如以探亲访友为目的的乘客一般不会太在意出行时间的长短，而更在意出行过程中的方便舒适等因素；而上班或公务的出行乘客则对时间比较敏感，此类出行更希望能通过换乘来节省总的出行时间。

出行时段：出行时段包括高峰与平峰。在高峰时段，由于上下车的人数很多，车厢内和车站的乘客也很多，每次换乘都要上下车和步行一段距离，消耗一定体力，因此，乘客希望选择换乘次数少的路径，对于时间的敏感度不是很高。

（3）城市轨道交通网络因素。

城市轨道交通网络因素包括：路网结构、换乘方便性、运营模式、运营时间、出行时间。

路网结构：随着城市轨道交通网络化的形成，线路之间互相交叉衔接，使得路网的连通度大大提高，为乘客在两站之间出行提供了更多的路径选择。这就要求在确定清分规则的时候，充分考虑乘客出行路径选择多样性的特点，采用切实有效、接近实际的清分方法，以确保运费在作出经济贡献的各运营主体之间进行合理分配。

换乘方便性：当乘客有多条路径可供选择且各条路径的旅行时间相差不大时，换乘方便性会对乘客的路径选择产生一定的影响，进而影响运费的清分。换乘方便性主要包括换乘次数和换乘时间两个方面。对于换乘次数来说，在各条路径的旅行时间相差不大的情况下，换乘次数越少的路径被选择的概率越大，乘客会在路径的旅行时间和换乘次数之间权衡考虑。换乘时间则包含换乘步行时间和换乘候车时间两部分。在旅行时间相近的多条路径中，乘客倾向于选择换乘时间较少的路径。

运营模式：指线路的共线运营的模式，如北京地铁 1 号线和八通线共线运营的四惠站到四惠东站，以及上海地铁 3 号线和 4 号线的宝山路站到虹桥路站。共线部分的车站都是换乘车站，这对于清分的影响是应该重点考虑的。

运营时间：运营时间作为清分影响因素主要是由于线路或换乘站提供的运营服务时间存在差异而引起的。当某 OD 对之间存在多条可选路径时，每条路径的运营时间可能不一致。因此，根据各条路径的运营时间，可以得到一天当中的不同时段由不同路径参与该 OD 的运费清分。

出行时间：出行时间是指乘客从轨道交通起始点至轨道交通出行终点所需的全部时间，包括乘车时间、换乘时间等。当乘客从出发地至目的地有多条路径可供选择时，一般来说，出行时间越短的路线被选择的几率越大。一般来说，出行时间与里程是正相关的。但在实际路网中，可能会存在这种情况：两条出行路径中，里程较短的路径出行时间较长；里程较长的路径出行时间较短。

（4）运营企业管理因素。

运营企业管理因素包括：票价、安全性、方便舒适性、正点率。

票价：一般情况下，乘客会选择票价较低的路径。在本项目中，由于 OD 点之间的票价是确定性，所以票价的影响可以忽略。

安全性：指运营企业保证乘客使用其轨道交通线路的安全程度。

方便舒适性：方便性和舒适性参数是指乘客在使用轨道交通时能享受到一些舒适功能。基本内容包括：是否拥挤，环境是否适宜，是否有空调，车内座椅的舒适程度，站内设施的布局合理程度等。

正点率：指运营企业在运输组织时，提供给乘客出行的客运产品，即运行列车的准时程度。高的正点率会节省乘客的时间，满足乘客出行对时间的需求。

2. 影响清分的原则

结合城市轨道交通清分管理中心的基于一家运营企业的“统一收费、按比例分成”的思路，主要的清分原则为：

（1）与票价政策相关，满足票价政策调整要求。

（2）清分方法应以影响清分的路网结构因素为主，结合乘客社会经济因素、出行特征和运营企业管理因素。

（3）按照全路网中独立的经营核算实体清分，利益分配应与其经济贡献合理地匹配。

➢ 任务实施

1. 掌握轨道交通票务清分的概念。
2. 简述轨道交通票务清分的影响因素。

➢ 评价考核

评价表 7.1

<table>
<tr><td>项目名称</td><td></td><td>学生姓名</td><td></td></tr>
<tr><td>任务名称</td><td></td><td>总成绩</td><td></td></tr>
<tr><td colspan="2">评价项目</td><td colspan="2">评价等级</td></tr>
<tr><td>学习目标</td><td>评价内容</td><td>小组评价
（A/B/C/D/E）</td><td>教师评价
（A/B/C/D/E）</td></tr>
<tr><td rowspan="2">知识目标</td><td>掌握票务清分的概念</td><td></td><td></td></tr>
<tr><td>掌握影响清分的因素和原则</td><td></td><td></td></tr>
<tr><td rowspan="2">能力目标</td><td>掌握票务清分的概念</td><td></td><td></td></tr>
<tr><td>掌握影响清分的因素和原则</td><td></td><td></td></tr>
<tr><td rowspan="3">素质目标</td><td>积极的学习态度</td><td></td><td></td></tr>
<tr><td>任务完成过程中和同学或教师进行充分的交流沟通</td><td></td><td></td></tr>
<tr><td>任务完成过程中的团队协作精神</td><td></td><td></td></tr>
<tr><td>教师评语</td><td colspan="3">教师签名：</td></tr>
</table>

任务 2　票务清分内容及各部门职责划分

➢ 任务要求

1. 掌握票务清分的具体内容。
2. 了解各部门在票务清分工作中的职责。

➢ 知识准备

一、票务收入清分的内容

轨道交通 ACC 系统在处理“一票通”“一卡通”交易数据的基础上，主要对以下费用进行清分：

1. 票款、票卡处理服务费用结算、对账

需要清算的服务费用主要包括：

（1）“一票通”票卡的发行服务费。

（2）“一卡通”“一票通”票卡服务手续费。

（3）“一卡通”“一票通”票卡回收手续费。

（4）“一卡通”票卡清算费（包含一卡通公司及 ACC 对每个参与运营单位应收取的市政交通手续费的清算费用）。

（5）“一票通”票卡清算费。

2. 运费收入清分、对账

“一票通”及“一卡通”跨区运费结算是以运营机构进站出站数据并通过运营商给出的清分费率表进行计算的。ACC 对售票及运费交易数据进行确认及对账，用交易数据确定金额的流动，并计算各种费用等。

二、轨道交通各部门在票务清分工作中的职责

1. 轨道交通 ACC 的职能

ACC 是 AFC 系统最上层的管理中心，在线网 AFC 系统中扮演着非常重要的角色。ACC 是轨道交通线网 AFC 系统各线路各类数据汇总、处理的唯一中心，可完成 AFC 系统各种运营参数的统一协调管理，是 AFC 系统运行状态监控管理中心及系统各线路之间和对外统一的技术接口，具有 AFC 系统票务客服以及对外信息服务和管理功能。它的基本职能包括监督、清分、协调、管理、分析决策 5 个方面，其中清分、协调、管理为其核心职能。

监督职能是指为轨道交通制定统一的技术规范，如编码规则、票卡结构、票卡技术要求、用户界面、操作流程、数据接口等，并监督技术规定的执行与服务质量。

清分职能包括对各联网线路“一票通”收益做清算、对账、系统安全管理及有关数据处理和各联网线路与 IC 卡公司之间的“一卡通”清算、对账等业务。

协调职能包括线网之间的协调以及对外协调。在正常运营情况下，ACC 对各线路运营起监控作用，并提供协调各线路的票务服务；在降级或紧急情况下，ACC 负责协调各线路的运营。ACC 代表轨道交通线路负责向其他部门和单位进行票务事宜的联系和协调工作。

管理职能是指票卡管理以及制定管理办法。ACC 为各线路统一制定、发行和管理轨道交通专用车票，实现互联互通。同时，ACC 针对票务规则、紧急预案等制定统一的管理办法。

分析决策职能是指统计分析与辅助决策。ACC 是城市轨道交通数据中心，是网内掌握完整数据的中心，可对客流数据（如进出站客流量、换乘客流、分时分方向断面客流等各类客流信息）和收费数据进行数据挖掘，为 ACC 系统动作的政策制定提供依据。

2. 财务部门职能

（1）负责与通卡公司签订清分系统服务、结算合同，并按照一卡通清分对账报表，负责一卡通销售、充值、交易服务费的结算。

（2）负责一卡通消费票款、代售卡及充值手续费的到账审核。

（3）负责一卡通联程优惠、消费优惠金额对账表的审核以及政府购买服务、财政补贴的相关报送工作。

3. 网络运管中心职责

（1）负责牵头制订轨道交通清分规则。

（2）负责与通卡公司、财务部、网络客运各公司对各类运营收入的对账，对通卡公司提交数据的准确性进行稽查。

（3）负责一卡通、一票通的清分对账，以及对账差异的稽查工作，并完成相关报表。

4. 网络客运公司职责

（1）负责一卡通进、销、存数据的核对工作。

（2）负责按 ACC 系统清分要求对终端、车站系统操作人员的规范进行核查，以及在系统设备出现异常时的报修与信息反馈。

5. 通号公司职责

（1）负责清分中心系统和各类设备管理维护，以及按要求执行清分规则。

（2）负责保障 ACC 系统数据上传的及时性与准确性，以及清分对账出现异常时，进行数据差异和差异原因的查找。

（3）负责一卡通、一票通对账所需数据的提供与确认。

➢ 任务实施

1. 掌握票务清分的具体内容。

2. 了解各部门在票务清分工作中的职责。

➢ **评价考核**

评价表 7.2

项目名称		学生姓名	
任务名称		总成绩	
评价项目		评价等级	
学习目标	评价内容	小组评价（A/B/C/D/E）	教师评价（A/B/C/D/E）
知识目标	掌握票务清分的具体内容		
	了解各部门在票务清分工作中的职责		
能力目标	掌握票务清分的具体内容		
	了解各部门在票务清分工作中的职责		
素质目标	积极的学习态度		
	任务完成过程中和同学或教师进行充分的交流沟通		
	任务完成过程中的团队协作精神		
教师评语	教师签名：		

任务3　票务收入清分算法

➢ **任务要求**

了解各种收入清分算法

➢ **知识准备**

城市轨道交通运营收益，是根据清分规则来计算各个收益方的收入，根据收集的城市轨道交通自动售检票系统单程票和“一卡通”所产生的交易和审计数据进行数据清分、对账和结算，进行线路之间的票款清分和数据挖掘，辅助各个业务部门进行分析决策。城市轨道交通收益来源形式是单程票的收益和“一卡通”的收益，两者的处理办法如下：

1. 单程票运营收益

清分系统根据当日单程票所有出账扣款记录上的进出站信息，按城市轨道交通路网的统一清分标准计算各个收益方的运营收入。对于单程票信息收益不全而不能进行清分的可疑消费收益，直接进入待清分的账户。常遇到的信息收集不全的情况有单程票发售收入和出站扣款不一致，存在差异，或者单程票本身存在可疑的交易。全路网单程票收益计算如下：

$$全路网单程票收益 = 单程票发售收入 + 单程票各类更新收入$$

2. “一卡通”运营收益

清分系统根据当日“一卡通”所有出站扣款记录上的进出站信息，按城市轨道交通路网的统一清分标准计算各个收益方的运营收入，并且如果有手续费同样要进行清分。对于“一卡通”信息收益不全而不能进行清分的可疑消费收益，直接进入待清分账户（注：“一卡通”待清分账户中的收益没有扣手续费）。如果是不涉及换乘站点的同站进出的运营收益统一计入本站所属收益方，如果是换乘站则按比例加将收益划分给该站的所属各收益方。

一、换乘的方式与票务清分

随着城市的发展，城市轨道交通的线路交错逐渐形成网状，乘客在出行时乘坐地铁所选择的路径相对丰富一些。如果乘客由一车站换乘至另一车站所经过的路径是唯一确定的话，则每段运营线路的收益将是明确的。如果乘客根据自身需求，包括对时间、走行距离、车厢舒适度、是否拥堵等因素，会自主选择不同的路径换乘，综合起来乘客所选择的路径就不唯一。

1. 换乘的方式

在城市轨道交通线路之间发生换乘时，根据是否有进、出检票的过程，换乘方式分为无标记换乘和有标记换乘两种形式。

（1）无标记换乘。

无标记换乘模式也叫作无缝换乘模式、一票换乘或多线路联乘。乘客只需在起点站根据目的地购买一张车票后，凭允许进站的单程票和储值票进站，经由不同运营企业的线路时，在付费区换乘不再刷卡，便可以直接连续地在不同线路上乘车，此种换乘方式称为无标记换乘。如果乘客在换乘车站无需经历一次进出检票过程，在乘客出站时系统无从知晓乘客的乘车路径，乘客有多条路径可供选择，由于不同的线路可能分属于不同的运营主体，所以运费收入归属不同的路径就会涉及不同运营主体的利益。

无标记换乘的一个显著特点是乘车路径的多样化。目前上海市采用的运费清分方法是基于乘客路径选择的最短路径清分方法。

（2）有标记换乘。

采用出付费区换乘方法，乘客需要多次购票，即乘客在换乘车站（或通过换乘通道）需经历一次进出检票的过程，增加了乘客的不便，降低了整个轨道交通系统的吸引力。这种有障碍换乘模式，可以通过辅助手段准确记录乘客的乘车路径，整个乘车路径中所涉及的换乘站被准确记录下来，不同的运营线路之间独立收费，因此在这些城市的轨道交通中并不涉及清分问题。

2. 换乘的票务清分

换乘票务清分的目的就是依据清分规则，对票务收入进行及时、公平的清分，使各运营公司能够及时将票务收入入账，同时可提高收益主体的资金效益。通过清分，可以充分、客观地反映城市轨道交通路网的客流情况，特别是各线路、各车站、各断面和各方向路径的客流情况。

根据不同的换乘方式，清分算法也不同。

（1）无标记换乘的清分。

在路网中，乘客从进站到达出站，经过的路径和运营线路有多种选择。由于路径的不确定性，清分时可以采用路径算法、数理统计算法或模糊算法，确定各运营线路的票款收益。

（2）有标记换乘的清分。

乘客在换乘时记录了乘客的进站交易数据、出站交易数据、路径数据，在自动售检票系统中可以获得换乘交易的一条完整的路径数据，根据路径数据，清分系统能够精确地清分各运营线路的收益，但在换乘站必须在车票上留有换乘标志信息，并经车站计算机上传给有关系统集中处理。

由于网络化运营的条件下，线路的归属权可能不同，所以针对客流分配之后的运距分配也会有所不同，在进行换乘时根据车站 OD 路径上的运营模式，会遇到以下几种模式：

① 单路径单运营主体：OD 之间只有一条合理的路径，并且该路径只涉及一个运营主体。

② 单路径多运营主体：OD 之间只有一条合理的路径，并且该路径涉及多家运营主体。

③ 多路径单运营主体：OD 之间有多条合理的路径，并且各条路径只涉及一个运营主体。

④ 多路径多运营主体：OD 之间有多条合理的路径，并且其中有的路径涉及多家运营主体。

二、路网模型描述

城市轨道交通各个车站可看作一个节点，在每条线路上的两个相邻车站之间由列车运行通道连接，这段车站间的通道称为路段，为路径组成的最小单位。若干车站和路段构成一条城市轨道交通线路，若干条城市轨道交通线路构成整个城市轨道交通路网。

1. 城市轨道交通路网的数学图形描述

（1）节点（node）：普通车站或换乘车站（两线换乘生成两个虚拟节点）。

（2）有向边（arc）：两个相邻车站及节点之间有方向的连接弧（即两个相邻车站之间分上下行的区段）。

（3）边权值：是路段某个或某些特征属性的量化表示。根据不同的最优目标，可以选择不同的路段属性，我们一般用“阻抗”来表示，如路段长度、路段费用、路段通过设计等作为该路段对应弧的权值或称为路段的权重。换乘站内部的边权值用它的节点阻抗来确定，而对于普通车站之间或者普通车站与换乘站之间的边权值用他们之间的路段阻抗加上第一个节点的节点阻抗来确定。

在规定的节点、有向边及边权值，便将整个城市轨道交通路网转化为一个带权值的有向图，从而把确定路网上的乘客出行路径选择转换为几何图论中的 k 条短路径搜索。但是路径搜索要注意一个问题：如果起始站是换乘车站，那么同一个换乘站对应的若干车站到任意车站的 k 条渐短路径的数目和其对应的阻抗应该完全相同。

根据不同的最优目标，可以定义相应的路段权重，反映到图上，就是各条有向边的权。权值是寻径的重要依据，一般有以下几种选取方法：

① 将出行距离最短作为最优目标，选取路段长度作为路段权重。

② 将出行时间最短作为最优目标，选取换乘次数或车辆班次的间隔时间作为路段权重。

③ 将出行费用最小作为最优目标，选取该路段上的乘车费用作为路段权重。

对乘客来说，一般关心的核心问题基本上为：两站之间是否能够到达，如果能到达，哪条线路路程最快或换乘次数最少，哪条线路的车体乘坐起来比较舒服而且车辆发车间隔较小，哪条线路的票价更便宜、有折扣优惠。

2. *路网模型描述的名词和概念*

为了便于解释路网换乘清分的解决方法，需要明确以下几个名词和概念：

（1）线路：道路客运线路是指城市轨道交通车辆的运行路线。它以唯一始发点、经过点、唯一终点为路线界限。

（2）路径：从站点 A 出发，到达站点 B 的路线，因为轨道交通的网状拓扑中，存在 A 站到 B 站的多条路径。

（3）路段：两个相邻车站之间由通道连接，这段通道称为路段，为路径组成的最小单位。对于跨越多条线路的换乘路径，是以实际换乘点为断点的线段组成，而每条线段属于且仅属于一条线路，此线段即为路段。

（4）换乘次数：遍历路网拓扑时经过换乘点且发生实际换乘的最大换乘次数。

（5）路网状况信息，包括：站与站之间的距离；换乘站的位置；车次间隔时间；换乘站的换乘步行时间；车站客流量。

（6）乘客对各因素考虑权重，包括：乘车时间；换乘步行时间；车厢舒适度；由车次间隔时间引起的候车时间等。

三、人为比例分配方法

人为比例分配方法是一个整体行为，对于任意两个站点之间的某一笔换乘交易不单独考虑清分，即把整个城市轨道交通路网作为一个整体来考虑，通过对整个网络中每条线路的里程数、走向、客流量和服务质量等进行综合评估后，由人为规定每条线路在整个城市轨道交通路网中的有关于所有跨线换乘票务收益的清分系数。当运营结束后，清分系统将对所有换乘总数票款按各线路既定的清分系统数进行清分。

在实际应用比例分配算法进行清分时，票款总额可从不同覆盖范围来进行计算，分别为：

（1）路网：整个城市轨道交通网络。

（2）区域：某些关联度较高的几条城市轨道交通线路组成的区域。

（3）运营线路。

四、最短路径法

在假定 OD（出发—到达）站之间的乘客全部选择最短路径的基础上，将运费收益分配给最短路径上做出贡献的运营主体（具体方法与以下多路径选择概率法所用运费分摊方法相同）。该方法比较简单，在路网规模不大、结构简单、清分精度要求不高的条件下，可以作为确定运费清分比例的可行方案；但是它的不足之处是根据时间要素进行路径选择分析，忽略了影响乘客出行路径选择的其他主、客观因素，而且某一 OD 对只选用唯一的路径进行清分计算，不能体现乘客选择的多样性特点，故难以真实地反映实际情况。

如果通过在路网中找出从 A 车站到 B 车站的一条确定的最短路径，然后按照各运营线路在此最短路径中所占的比例，对每笔换乘交易的票款收益进行清分，即称为最短路径方法。

通常采用经典的 Dijkstra 算法，按路网中车站间路径长度递增的次序产生出最短路径，把最短路径中相关线路所占的比例作为清分规则，并对换乘交易进行清分。

常用的最短路径清分方法如下：

假设：从 A 站换乘至 B 站的最短路径为 Q，对应通路为 q_1，q_2，…，q_n >，n 为该笔换乘交易乘载的线路，q_1=站点 A，q_n =站点 B，其他为换乘站。

令 $L_{i,j}=\sum\limits_{k=i}^{j-1}w(q_k,q_{k+1})$ 为站点 i 至站点 j 的里程数，$w(q_k,q_{k+1})$ 为站点 q_k 到站点 q_{k+1} 的实际里程数。

注：这里的里程数可将每次换乘步行时间以及平均等车时间按地铁平均旅行速度折算成相应虚拟里程，因为需要步行的关系，增加一个随着运营状况变化而随时调整的系数。以折算后的虚拟里程对路径进行排序。

则各相关线路（段）对应从站点 A 换乘至站点 B 的票款 F，可以按下述计算公式分得票款 f_i：

$$f_i=F\times(L_i,L_{i+1}/L_{1,n})\quad（其中\ i=1，\cdots，n）$$

按最短路径确定的清分规则，只需将任意两个可换乘互达的站点，分别算出其最短路径的通路即可，因此，实施起来较为简单。

结合上述内容，最短路径法（考虑中的旅行时间最短）主要有以下几个特征：

（1）根据储存的路网基本信息数据，自动建立全路网的网络模型。

（2）根据路网模型按里程最短路径算法，计算出任意站点间的最短路径。

（3）根据最短路径计算出站点间的换乘信息。

（4）根据最短路径分析出站点间的换乘信息。

（5）根据最短路径计算各站点间的票价。

最短路径法的主要不足之处在于，如果城市轨道交通实行多线路的路网模式中，只考虑最短路径法进行计算、清分、结算时，有可能不能完全反应实际乘客乘坐的线路的情况。乘客在选择线路时需要考虑旅行时间、换乘距离、舒适度、旅途过程是否拥挤等诸多因素。而且它只提供了一种路径用于客流统计，对于复杂的路网情况不符合，甚至会造成换乘收益清分不公的现象。

五、多路径影响法

最短路径算法忽略实际运营中列车或车站拥挤程度、乘客的个人偏好对乘客选择换乘线路的影响，最短路径和一些不是最短路径都可能被采用，只是它们被采用的概率不同，导致清分结算方式和真实的结果不符合。适用合理路径原则选进将会得到多条两站点间路径，由于这些路径都可以被乘坐，所以与这些路径有关的路段都需要考虑按一定比率参与收益的分成。在其基础上城市轨道交通路网的寻径方案，一般应将最短路径与合理路径结合起来考虑，其中，票价的费率制定采用最短路径进行寻径，而票款收益拆分则使用合理路径进行寻径。

多路径影响法考虑了乘客出行路径的多样性，确定 N 条乘客可能选择的理性路径，根据一定的方法确定每条路径的客流分配比例，进而结合各线路承担的运输里程计算出清分比例。该方法更切合实际地反映了乘客的出行情况，能充分兼顾路网运营中做出贡献的运营主体利益，体现了更加科学、准确、客观、公平的分配运营费收益的原则。

该算法将换乘站步行时间以及平均等车时间折合成虚拟里程，以虚拟里程作为优选路径排列依据，取排列靠前的优先路径，实际应用时，多路径影响分配算法一般将参加分配选择的路径数量限定为 $1<M\leqslant 4$ 。综合主要因素进行加权产生最终清分比例表。

多路径影响法是指对于从车站 A 到车站 B 的每一条可能的路径都确定一个选乘概率，在确定参加选择路径的最多数量后，认定的选择路径是确定路径长短排序后参加分配的路径数量，结合选成概率后确定的。这样，某路径上的收益方应得的某笔票款的清分收入份额，就应该是其在所有可能路径中的所有允许参加分配的路径与被选成的概率乘积之和除票款得到。

多路径影响法简述如下：

假设：从站点 A 换成质站点 B 的 M 条（选定的）换乘路径为 Q^j ，对应通路为〈 $q_{j1}^j, \cdots, q_{jn}^j$ 〉，$j=1$，…，N。其中 N 为选定的路径数、 j_n 为最大线路数且为每笔换成交易对应换乘通路中被承载的线路数，对未涉及被换乘的路线，在通路中的某个 $q_{j_i}^j=0, q_{j_1}^j$ =站点 A、$q_{j_n}^j$ =站点 B、其他为换乘站。

设在多条最佳路径确定的清分规则中，从站点 A 换乘到点 B 的票款 F 共有 j_n 条线路段可以分得，第 i 条线路分配的票款得益为 f_i 。

注：这里的里程数可将每次换乘步行时间以及平均等车时间按地铁平均旅行速度折算成相应虚拟里程，因为需要步行的关系，增加一个随着运营状况变化而随时调整的系数，以折算后的虚拟里程对路径进行排列。

则各相关线路对应从站点 A 换乘至站点 B 的票款 F，可以按下述计算公式分的票款 f_i：

$$f_i = F\times(L_{i,i+1}/L_{j_i,j_n})\quad（其中\ i=1，\cdots，\ j_n）$$

因为对每对可换乘到达站点可以预先算出相关的所有 $L_{i,p}$ ，因此，多路径想法可以清分换乘票款，但很难清分换乘交易，因此，对统计线路的换乘运载量还有很大的困难。

结合上述内容，多路径算法路径的选择是一个决策过程，影响决策的因素主要有以下几个：

（1）旅行时间，：路径平均旅行时间要考虑换乘与平均等车时间。

（2）步行时间：路径换乘步行总时间。

（3）起点站：换乘站点（进站）为起点站的乘坐时间总和。

（4）拥挤度：路径中拥挤段乘坐时间的加权总和。

多路径想法从多条路径的角度出发，计算任意站点间运营里程最短的前面优化的几条路径（一般取前 4 ~ 5 条），通过对里程的修正对路径排序选出前 3 条路径进行加权计算。在此每条线路的所使用的概率通过不断修正来调整，通过长期的数据分析、现场调查对加权因子进行验证和修正，逐步逼近实际的积分比例。

六、最短时间法

对于城市轨道交通来说，由于车站之间的里程是确定的，因此一般的概念总是用最短里程来搜索路径。但是对于大部分乘客来说，乘客出行对于距离的概念是比较模糊的，而旅程花费的时间却是每个乘客非常关注的，因而不能够将运送距离作为主体考虑的因素，我们还要引入"时距"的概念。而且乘客选用轨道交通和选择乘坐路径的出发点，多数是为了节省时间，因此可以"最短时间"来确定路径。我们采用旅程时间作为边和路径的权值，用"最短时间法"来确定大部分乘客愿意选择的路径。

简化和忽略一些固定的时间，考虑一些主要因素，得到一对车站之间可能的路径所花费的平均时间。那么路段阻抗设为 $A_{i,j}$，等于列车在该区间的 $T_{\min}$ 运行时间 $t_{i,j}$。节点阻抗可分为以下两种情况：

第一种乘客在车站不下车，此前节点阻抗值 B_k 等于车站停站时间即站台停站时间 T_3，可表示为：

$$B_k = T_3$$

第二种，乘客在换乘站换乘，此时节点阻抗值 $B_{k换乘}$ 换乘等于该站的换乘时间 T_2 乘以换乘放大系数 α，可表示为：

$$B_{k换乘} = T_2 \cdot \alpha$$

换乘总时间 T 可表示为：

$$总时间（T）= 乘坐列车时间（T_1）+ 换乘时间（T_2）+ 站台等待时间（T_3）$$

换乘走行时间通过实测直接获取，候车时间一般取换乘列车发车间隔时间的 1/2。其中，T_1 和里程、列车平均速度直接有关，T_2 则和换乘次数、换乘步行时间和换乘列车等待时间有关，T_3 和起点站列车间隔时间有关。

根据乘客选择线路时关心的问题，我们进行有效路径集合的筛选要考虑以下两点：

（1）运营时间主要是通过综合考虑乘客起始站和换乘站的首末班车时间来确定的。在某一个时间段内，如果 k 条可选渐短路径集合中的某条路径在运营时间之外，则该路径不作为有效路径参与客流的分配。路径的运营时间已通过该路径起点站的有效运营时间表示。起点站的有效运营时间为起点车站的首末班时间和该路径中各首末班时间反推起点时间的交集。

（2）综合出行阻抗函数值的容许区域判断。由于一对 OD 车站的可行路径较多，在搜索

出两站之间的 k 条可选的渐短路径集合中，如果只是短路径或者次次短路径的综合阻抗值较最短路径的综合阻抗值超过某一个阀值（设该值为 $T_{\max}$ ）时，则认为该次短路径是不合理路径。该阀值可以采用相对值和绝对值综合确定，表示为：

$$T_{\max}=\min\left\{T_{\min}(1+m),T_{\min}+U\right\}$$

式中　$T_{\max}$——有效路径的综合出行阻抗值的上界；

$T_{\min}$——有效路径的综合出行阻抗值的下界；

m——比例系数；

U——常量。

为了使权值的确定更加客观、合理，并且在计算方面又比较简单，于是对上述参数加以简化，假定 T_1 和里程成正比，即不考虑列车的启动和制动时间，以及站间距离对列车速度的影响。若不考虑换乘通道长度的影响，T_2 则和换乘次数成正比。T_3 一般可以选作列车间隔时间的 1/2，数值较小，对总时间的影响不大，而且由于列车间隔时间由运行方控制，可能根据客流的变化而不断变化，因此舍去 T_3。到任一条路径 L_j 的权值为：

$$T_j=aM_{j+}bC_j$$

式中　T_j——路径 L_j 的权值；

M_j——边 L_j 的里程（km）；

C_j——L_j 的换乘次数；

a、b——参量，a 可以取列车的平均速度的倒数，例如 40 km · h^{-1}，换算成 1.5 min · km^{-1}；b 为每次换乘所花的平均时间，例如 8 min。

该权值公式同样可用于计算相邻车站构成路径图形边的权值。对于两个临街车站之间的边，C_j 等于 0，M_j 等于车站间的里程；对于一次换乘，则 M_j 等于 0，C_j 等于 1。该权值的可操作性是明显的，每一条边和每一条路径的权值计算都是确定的、非常简单的。

具体清分的基本理念归结为，根据乘客选择路径的概率计算路径分配比例。

假定乘客在 LABe 中选择路径 L_j 的概率为 p_i（$i=1$，…，k），则用 p_i 作为路径 L_j 的分配比率是最合理的。显然 p_i 是路径权值 T_i 的函数。不失一般性，设 $0<T_1\leqslant T_2\cdots\leqslant T_K\leqslant DABcut$，即路径按权值递增排序。

使用此方法计算实际收益比例，确定各有效路径承担某一 OD 的比例后，根据各运营主体承担每条路径的运输里程以及客流在一个路径中的分配比例，计算出相关运营收益方的清分比例。

单路径单运营主体：OD 间的收益所得，全部分配给该运营主体。

单路径多运营主体：OD 运输费所得应根据各运营主体的运距比例分配。

多路径单运营主体：OD 的运费，只要根据客流在个路径的分配比例分摊给各条路径运营主体。

多路径多运营主体：该 OD 的运费。首先，在多条可选路径之间分配，然后根据每条路径所涉及的各运营主体的运距比例，分配该路径的运费。

该模式的优点是：将乘客在换乘站的换乘时间合理地折算为列车区间运行时分，乘客出行路径阻抗是考察间断路径偏离最短路径的程度，不是简单的相差比较。

该模式的缺点是：清分模型参数标定的不确定性，需要对实际 OD 旅行时间进行统计分析来标的相关的参数。

七、多因素修订综合优选多路径法

乘客在出行时根据自身需求综合路线的运营里程、发车间隔、舒适性、拥挤度、换乘走行距离，换乘花费时间等因素综合考虑选择路网中哪条路径为出行最后路径。通过长期的统计调查和分析，能够得出乘客选乘路径的概率结构，长期的数据能显示出每条路径的乘坐情况。那么多因素修订综合优选多路径法，就是在多路径算法的基础上，以乘客的出行选择因素作为修订依据，根据线路被选乘的概率进行清分结算的。由于乘客是否选择某条换乘路径在现实中具有统计意义，因此，这一概率能够通过人为修正权重来不断满足实际的运营情况。

在操作过程中，首先列举出各种影响乘客选择路径的因素，通过不断的统计、模拟、抽样调查，分析及修正各线路的权重因子，并把所有可供乘客选择的路径都考虑在内，由各受益方共同决策计算出每条可供选择路径的被选择概率值，根据路径及比率计算出各相关路段客流和票款的清分比例。

此种方法考虑了各种影响乘客换乘选择的因素，对实际运营过程中的换乘情况做出了较为贴近的拟合。其中最核心的工作即为确定线路的选乘概率因子，那么在目前城市轨道交通系统接收大量乘客的状况下，如果做到非常精确的计算概率因子是不可能的，我们只能尽量扩大样本的范围和数量，使得清分误差能控制在很小的范围内，而并非对每个乘客的每一次乘坐都能够进行精确清分。

那么对于城市轨道交通路网发生变化，如新增线路车站功能变化（从非换乘站变为换乘站）时，均表示路网拓扑结构的改变。可以重新调用清分模型计算模块，重新生成新拓扑结构下的清分规则表。

八、票务收入对账业务流程

ACC 为各线路运营商进行交易清算，同时作为各运营商的代表，与“一卡通”管理中心、电信运营商等进行消费。一般来说，清分的过程是：

（1）各条线路 AFC 系统的中央计算机系统（以下简称 CC）将“一卡通”数据和“一票通”交易数据传送给 ACC 进行处理结算，产生对账数据。

（2）ACC 接收各条线路的交易数据后，根据双方约定的清算对账标准进行清算对账。对于“一卡通”数据，将按照 ACC/“一卡通”接口组织数据上送，并接收“一卡通”的回馈。对于“一卡通”数据，将直接存进数据库进行处理，然后将对账数据下发给各条线路的 CC。对账数据包括交易结算统计数据（当日上送的交易和当日进行调整的交易）、当日的错误交易明细以及当日进行调整的错误调整明细、黑名单、消费可用卡类型、结算错误代码等数据。

（3）ACC 清算管理系统将清算结果以报表形式传给各线路运营商。

（4）线路运营商如果对清算结果有疑义，则向 ACC 提出申诉，双方协商解决。经 ACC 管理机构认可的交易可调整为正常交易，参与当日结算。

（5）ACC 的管理机构在清算过程中如对运营商数据有疑义，也可组织运营商协商解决。

运营商清分对账模型如图 7.1 所示。

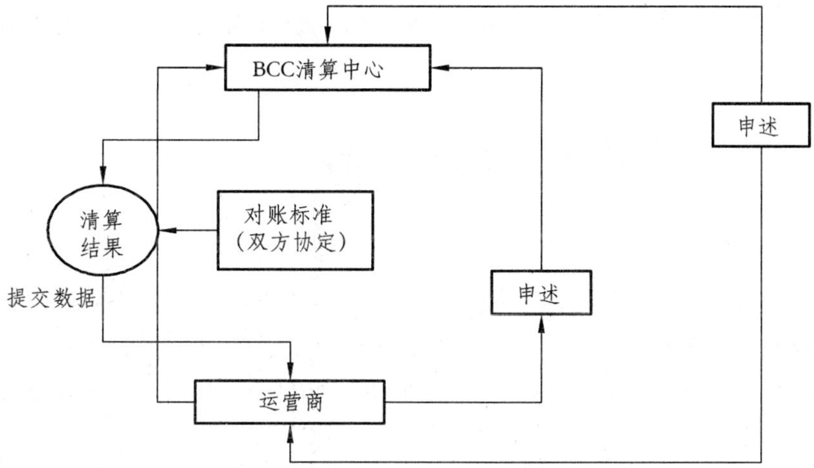

图 7.1　运营商清分对账业务模型

➢ 任务实施

运用不同的方法进行票务清分计算。

➢ 评价考核

评价表 7.3

项目名称		学生姓名	
任务名称		总成绩	
评价项目		评价等级	
学习目标	评价内容	小组评价（A/B/C/D/E）	教师评价（A/B/C/D/E）
知识目标	掌握票务清分算法的种类		
	掌握各种票务清分的具体方法		
能力目标	掌握票务清分算法的种类		
	会进行票务清分的计算		
素质目标	积极的学习态度		
	任务完成过程中和同学或教师进行充分的交流沟通		
	任务完成过程中的团队协作精神		
教师评语	教师签名：		

参考文献

[1] 中华人民共和国住房和城乡建设部，中华人民共和国国家质量监督检验检疫总局. GB50490—2009 城市轨道交通技术规范[S]. 北京：中国建筑工业出版社，2009.

[2] 中华人民共和国住房和城乡建设部. CJJ/T170—2011 地铁与轻轨系统运营管理规范[S]. 北京：中国建筑工业出版社，2012.

[3] 中华人民共和国国家质量监督检验检疫总局，中国国家标准化管理委员会. GB/20907—2007 城市轨道交通自动售检票系统技术条件[S]. 北京：中国建筑工业出版社，2012.

[4] 于涛. 城市轨道交通票务管理[M]. 2版. 北京：人民交通出版社，2012.

[5] 裴瑞江. 城市轨道交通客运组织[M]. 2版. 北京：机械工业出版社，2014.

[6] 孙仕明，李攀科. 城市轨道交通票务管理[M]. 北京：清华大学出版社，2015.

[7] 俸毅. 城市轨道交通票务管理[M]. 青岛：中国石油大学出版社，2016.

[8] 方辉，景亮. 城市轨道交通票务清分性能优化方案研究[J]. 城市轨道交通研究，2014（4）.

[9] 蔡晓蕾，李宝. 城市轨道交通线路票务中心车票调配的研究与实现[J]. 铁路计算机应用，2012（10）.

[10] 周薇. 城市轨道交通无障碍换乘下票务清分问题研究[D]. 成都：西南交通大学，2013.

[11] 王志海. 上海轨道交通售检票系统的应用与发展[J]. 城市轨道交通研究，2009.